Ilse Stork
Sandra Kroll-Gabriel

Methodentraining:

Sich und andere informieren

Informationen sammeln, sortieren, präsentieren
Mit Online-Führerschein

Auer Verlag GmbH

Gedruckt auf umweltbewusst gefertigtem, chlorfrei gebleichtem
und alterungsbeständigem Papier.

1. Auflage 2009
Nach den seit 2006 amtlich gültigen Regelungen der Rechtschreibung

Illustrationen: Stefan Lohr
Satz: Fotosatz H. Buck, Kumhausen
Druck und Bindung: Franz X. Stückle Druck und Verlag, Ettenheim
ISBN 978-3-403-**04901**-2

www.auer-verlag.de

Inhalt

Vorwort 5

Erläuterungen zum Einsatz der Methodenkartei 6

Informationskarten

Sachtexte lesen – Stichwörter 9
Lernplakat – Steckbrief 10
Säulendiagramm – Inhaltsverzeichnis 11
Tipps zum Markieren – Leporello 12
Word starten – Mit Word umgehen 13
Das Internet starten – PowerPoint 14

Das weiß ich schon

ABC-Liste – Brainstorming 15
Cluster – Mindmap 16
Infomarktplatz – Diskussion 17
Stilles Brainstorming 18

Wichtige Techniken

Nach dem Alphabet sortieren 19
Wörtersuche 20
Wörter markieren 21
Sätze markieren 22
Textstellen gezielt markieren 23
Der „rote Faden“ 25
Wörter am „roten Faden“ 26
Teilüberschriften finden 27
Einen Stichwortzettel schreiben 28
Stichwörter zu Sätzen notieren 29
Stichwörter zu Texten notieren 30
Der Lesedreisprung 32

Informationen aus Sachbüchern

Begriffe im Lexikon suchen 33
Eine Tabelle lesen 34
Ein Schaubild lesen 35
Im Inhaltsverzeichnis nachschlagen 36
Einen Sachtext verstehen 37
In einem Sachbuch nachschlagen – Welches Sachbuch gibt mir die Information? 38

Informationen durch Fragen

Eine Fragelandschaft erstellen 39
Frage-Antwort-Spiel 40
Frage-Antwort-Spiel – Materialkarten mit Texten 41

Partnerinterview – Kennenlernspiel 43
Umfragen 44
Expertenbefragung – Sinnvolle Fragen 45

Informationen aus dem Internet

Die Teile des Computers 46
So funktioniert der Computer 47
Das Internet – Internetregeln 48
Die Suchmaschine 49
Internet-Glossar 50
Jetzt wird gesurft! 51
E-Mail 52
Bildsuche im Internet 53
Online-Führerschein 54

Vorübungen zum Präsentieren

Körperhaltung – Gesichtsausdruck (Mimik) 55
Gesicht und Gefühle 56
Hände (Gestik) – Das Spiel mit dem Körper 57
Sprechstimme 58
Das Spiel mit der Stimme 59
Blickkontakt – Lachgefahr 60

Präsentation von Informationen

Informationen in einem Bild darstellen – Einen Steckbrief verfassen 61
Ein Rätsel stellen – Leporellos anfertigen 62
Eine Gliederung zum Vortrag erstellen – Tipps für deinen Vortrag 63
Ein Lernplakat gestalten 64
Einen Artikel schreiben 65
Ein Säulendiagramm zeichnen 66
Eine Mappe zusammenstellen 67
Mit Word umgehen – Eine PowerPoint-Präsentation erstellen 68

Ich denke über meine Arbeit nach

Wie gut klappt die Partnerarbeit? – Wie gut klappt die Gruppenarbeit? 69
So beurteilt mich mein Partner – So schätze ich mich selbst ein 70
Kassettenaufnahme – Videoaufnahme 71

Arbeitsplan 72

Kopiervorlagen 74

Sequenz: Einen Vortrag vorbereiten 87

Lösungen 94

Quellennachweis 96

Vorwort

Liebe Kollegin, lieber Kollege,

im Oktober 2004 wurde von der KMK der Beschluss gefasst, dass die **Nationalen Bildungsstandards** für den Primarbereich von allen Ländern übernommen werden. Das funktionsangemessene Sprechen, z. B. Informieren, zählt dabei zu den wichtigen Kompetenzen im Bereich Deutsch.

Das Methodentraining stützt sich zum einen auf den bayerischen Lehrplan (Inhalt: Sich und andere informieren), hat aber auch die nationalen Bildungsstandards im Blick. Sich informieren zu können, ist in unserer Gesellschaft eine Schlüsselqualifikation und somit grundlegend für den schulischen Erfolg in allen Fächern. Die Weitergabe von Informationen an andere, also die Aufbereitung und das Präsentieren von Informationen, darf dabei nicht vergessen werden. Die Schüler sollen sich Methoden der Präsentation aneignen, die sie in vielen Lern- und Lebensbereichen nutzen können. Ihre Arbeitsergebnisse werden im Anschluss reflektiert und somit kann eine moderne Feedbackkultur im Klassenzimmer angebahnt werden.

Unser Anliegen ist es, Ihnen ein praktikables, vielseitig einsetzbares Methodentraining an die Hand zu geben, mit dessen Hilfe Sie Ihren Unterricht zeitgemäß und auf Ihre Schüler abgestimmt durchführen können.

Die Karten wurden im Unterricht in verschiedenen Jahrgangsstufen erfolgreich erprobt und können sowohl im gesamten Klassenverband als auch im Wochenplanunterricht oder in freien Phasen eingesetzt werden.

Viel Erfolg bei der Durchführung unseres Trainingsprogramms.

Die Autorinnen
Sandra Kroll-Gabriel, Ilse Stork

Hinweis: Wenn im Folgenden von „dem Lehrer“, „dem Schüler“ oder „dem Partner“ gesprochen wird, geschieht dies nur aus platztechnischen Gründen. Lehrerinnen und Schülerinnen sind gleichermaßen angesprochen.

Erläuterungen zum Einsatz der Methodenkartei

Vorbereitung

- Karteikarten kopieren und dabei für verschiedene Bereiche unterschiedlich farbiges Papier verwenden
- Alternative: auf weißes Papier kopieren, ausschneiden und auf farbiges Papier aufkleben
- Karteikarten eines Kapitels mit gleicher Nummer als Vorder- und Rückseite zusammenkleben
- Empfehlung: Karteikarten laminieren (dann anstelle eines Textmarkers wasserlöslichen Folienstift verwenden)
- Materialien bereitstellen: weißes Papier DIN A3 und DIN A4, buntes Papier, dicke Filzstifte, Zauberstifte (erhältlich bei Spectra) oder wasserlösliche Folienstifte, Textmarker
- Arbeitsplan für Schüler kopieren und bereitlegen
- Kopiervorlagen im Klassensatz vorbereiten (S. 74 f.)
- Computer mit Internetanschluss

Einsatz der Karteikarten

- Die Kartei ist schwerpunktmäßig für die 3. und 4. Klasse gedacht.
- Teile können auch in der 1. und 2. Klasse schon eingesetzt werden: z. B. Übungen zum Präsentieren der Arbeitsergebnisse.

Es gibt verschiedene Möglichkeiten, mit der Kartei zu arbeiten:

1. Die Karteikarten werden komplett in die Klasse gestellt (dann eher 4. Klasse) und die Schüler bearbeiten die Aufgaben individuell in der Wochenplanarbeit oder in Freiarbeitsphasen. Im beiliegenden Arbeitsplan (s. S. 72 f.) haken die Schüler die bearbeiteten Aufgaben ab. In gemeinsamen Reflexionsphasen wird die Arbeit besprochen.

2. Einzelne Karten können als Vorlage für eine Unterrichtsstunde dienen, zum Beispiel:

   a) **Das weiß ich schon:** Mit den Kindern wird die jeweilige Methode gemeinsam erarbeitet und anschließend zu einem bestimmten Thema ausprobiert.

   b) **Wichtige Techniken:** Karten aus diesem Bereich werden gemeinsam besprochen und anschließend ausprobiert. Die Texte sind variabel. Die Karten wandern dann für die weitere Arbeit in die Wochenplanarbeit oder einzelne Kinder mit Defiziten in diesem Bereich bearbeiten die Karten, zum Beispiel im Förderunterricht, erneut.

3. Karten können als Vorlage für eine Sequenz dienen, zum Beispiel:

   a) **Informationen aus dem Internet:** Die Grundbegriffe (Computer, Internet) werden erarbeitet. Die Schüler lernen das Internet mit seinen Funktionen kennen. Ziel ist der Online-Führerschein.

   b) **Präsentation von Informationen:** Die Karteikarten bauen durch einen steigenden Schwierigkeitsgrad aufeinander auf.

   c) Ein Beispiel für die Gestaltung einer Sequenz aus allen Teilbereichen befindet sich auf S. 87 f.

4. Die Reflexionskarten können immer wieder in verschiedenen Phasen eingesetzt werden.

Erläuterungen zu den einzelnen Bereichen

Informationskarten

- Einsetzbar zur selbstständigen Information durch Schüler oder zum Nachlesen, wenn ein Inhalt schon behandelt wurde.

Das weiß ich schon

- Vorgestellt werden Techniken, um sich eigenes Wissen bewusst zu machen und zu sammeln.
- K 1 bis K 4, K 7: Idee bzw. Wissen wird schriftlich festgehalten, Karten sind als Auswahl gedacht.
- K 5 bis K 6: Hier werden Ideen mündlich gesammelt bzw. weitergegeben.

Wichtige Techniken

- Aufsteigender Schwierigkeitsgrad mit unmittelbarer Verbindung zum sinnentnehmenden Lesen.
- Techniken sind die Voraussetzung für die Informationsentnahme aus (Sach-)Büchern.
- Karten können auch als Lehrgang durchgearbeitet werden.
- Aber auch ein gezielter Einsatz als Differenzierungsmaterial, wenn Defizite in der Klasse oder bei einzelnen Schülern festgestellt werden (z. B. in Förderstunden).

Informationen aus Sachbüchern

- Um sich durch Lesen zu informieren, müssen auch diskontinuierliche Texte verstanden werden (K 2, K 3).
- Orientierung in Lexika und in Sachbüchern.

Informationen durch Fragen

- Spielerische Übungen zum „Fragenstellen".
- K 3: eher am Schuljahresanfang einsetzen.

Informationen aus dem Internet

- Einsetzbar ab Klasse 3.
- Computer mit Internetanschluss muss verfügbar sein.
- Kann als Sequenz eingesetzt werden, da die Karten aufeinander aufbauen.
- Am Ende wird das Wissen der Kinder im Fragebogen zum Online-Führerschein getestet. Die Schüler bearbeiten das Arbeitsblatt „Online-Führerschein – Fragebogen" (s. S. 76) und erhalten als Belohnung einen laminierten Führerschein mit ihrem Namen (KV: Online-Führerschein, s. S. 77).

Vorübungen zum Präsentieren

- Einsetzbar ab Klasse 1.
- Voraussetzung für die Präsentation von Arbeitsergebnissen und Referaten.

Präsentation von Informationen

- Einsetzbar ab Klasse 2.
- Große Auswahl an Möglichkeiten, Arbeitsergebnisse zu präsentieren, mit unterschiedlichem Schwierigkeitsgrad.

Ich denke über meine Arbeit nach

- Reflexionskarten immer wieder einsetzen.

Verwendete Symbole:

 Einzelarbeit  Partnerarbeit  Gruppenarbeit

Sequenz: Einen Vortrag vorbereiten

- Darstellung einer Sequenz zum Thema „Einen Vortrag vorbereiten, gliedern und präsentieren".
- Die Stundenbilder dienen als Anhaltspunkte zur Gestaltung der Unterrichtseinheiten.
- Exemplarisch wird das Thema „Mein Lieblingstier" behandelt.

Verwendete Abkürzungen:

AA	= Arbeitsauftrag, Arbeitsaufträge
AB	= Arbeitsblatt
BK	= Bildkarte/-n
GA	= Gruppenarbeit
HA	= Hausaufgabe
KV	= Kopiervorlage
L	= der Lehrer
OHP	= Overheadprojektor
PA	= Partnerarbeit
Qual/Quant. Diff.	= Qualitative und quantitative Differenzierung
S	= der Schüler
SÄ	= Schüleräußerung
SCH	= die Schüler
TA	= Tafelbild/Tafelanschrieb
UG	= Unterrichtsgespräch
UZE	= Unterrichtszeiteinheit
WK	= Wortkarte/-n

Informationskarte 1

Sachtexte lesen

Wenn du dich informieren willst, musst du Sachtexte richtig lesen können.

1. Lies dir einen unbekannten Text zuerst einmal ganz durch. So hast du einen Überblick, worum es in diesem Text geht.
2. Stell dir jetzt Fragen, was du aus diesem Text wissen oder was du dir merken willst.
3. Lies den Text ein zweites Mal. Markiere dabei nun wichtige Wörter oder Sätze.
4. Überprüfe, ob du mit den markierten Wörtern oder Sätzen den Inhalt des Textes jemandem erzählen kannst.

Informationskarte 2

Stichwörter

Wichtige Informationen kannst du kurz mit Stichwörtern notieren. Stichwörter sind einzelne, wichtige Wörter.

Stichwörter helfen, uns das Wichtigste aus einem Text zu merken. Mithilfe der Stichwörter kannst du dann den ganzen Text erzählen.
Auch zu einem Vortrag oder zu einem Film kannst du Stichwörter aufschreiben.

Informationskarte 3

Lernplakat

Ein Lernplakat soll darstellen, was du über ein Thema weißt oder über ein Thema herausgefunden hast. Dein Wissen stellst du mit Text und Bildern dar.

Es gibt zwei Arten von Lernplakaten:
1. das Lernplakat zur Präsentation,
2. das Lernplakat zur Unterstützung eines Vortrags.

Überlege genau, welche Art von Lernplakat du anfertigen möchtest.
Bei einem Lernplakat zur Unterstützung eines Vortrags brauchst du weniger Text als bei einem Lernplakat zur Präsentation. Du kannst schließlich noch einiges dazu erklären.

Das solltest du noch wissen:
- Ein Lernplakat enthält viele Bilder und wenig Text.
- Bilder und Texte kannst du mit Pfeilen verbinden →, sodass sich eine sinnvolle Reihenfolge ergibt.
- Das ganze Plakat soll genutzt werden.
- Es gibt eine deutliche Überschrift.
- Die Schrift muss groß sein.
- Mit Farben kannst du zeigen, was wichtig ist und was zusammengehört.

Informationskarte 4

Steckbrief

Ein Steckbrief beschreibt eine Person, ein Tier, eine Pflanze oder einen Gegenstand. Wenn du einen Steckbrief erstellst, musst du dir die Person, das Tier, die Pflanze oder den Gegenstand genau anschauen.

Folgende Punkte gehören in einen Steckbrief:
- Name
- Aussehen
- Lebensraum, Vorkommen (Pflanzen/Tiere)
- Größe
- Gewicht
- Nahrung (Tiere)/Lieblingsgericht (Personen)
- Alter
- Besonderheiten

Entscheide, was zu deinem Steckbrief passt.

Informationskarte 5

Säulendiagramm

Durch ein Säulendiagramm kannst du Informationen darstellen.
Es besteht aus zwei Achsen: einer senkrechten und einer waagerechten Achse.
Zum Diagramm musst du immer eine Überschrift und eine Legende (= Beschreibung) angeben.
Wichtig ist, dass du ganz genau mit Bleistift und Lineal zeichnest.

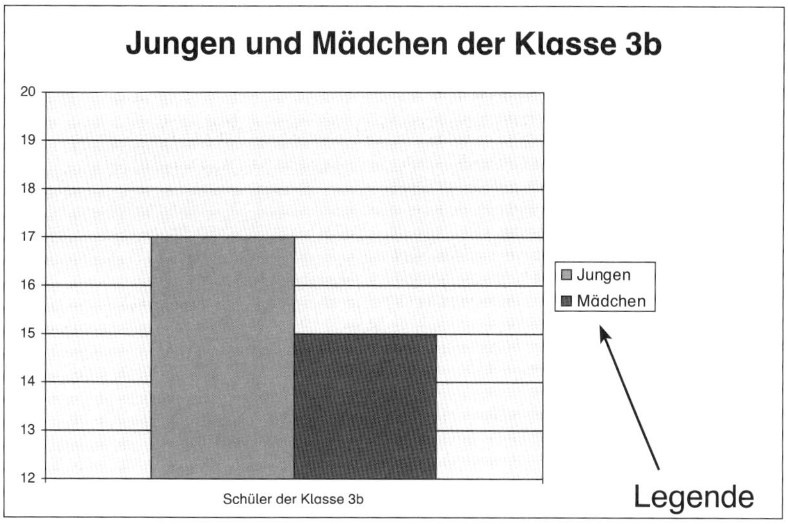

Informationskarte 6

Inhaltsverzeichnis

In Sachbüchern findest du meist am Anfang (oder Ende) des Buches das Inhaltsverzeichnis.
Hier stehen die einzelnen Kapitel des Buches.
So kannst du dich gut orientieren.

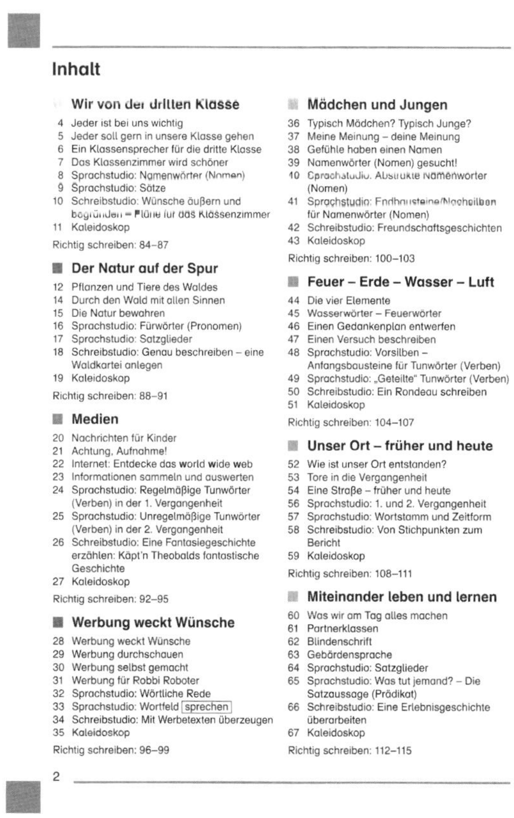

Inhalt

Wir von der dritten Klasse
4 Jeder ist bei uns wichtig
5 Jeder soll gern in unsere Klasse gehen
6 Ein Klassensprecher für die dritte Klasse
7 Das Klassenzimmer wird schöner
8 Sprachstudio: Namenwörter (Nomen)
9 Sprachstudio: Sätze
10 Schreibstudio: Wünsche äußern und begründen – Pläne für das Klassenzimmer
11 Kaleidoskop
Richtig schreiben: 84–87

Der Natur auf der Spur
12 Pflanzen und Tiere des Waldes
14 Durch den Wald mit allen Sinnen
15 Die Natur bewahren
16 Sprachstudio: Fürwörter (Pronomen)
17 Sprachstudio: Satzglieder
18 Schreibstudio: Genau beschreiben – eine Waldkartei anlegen
19 Kaleidoskop
Richtig schreiben: 88–91

Medien
20 Nachrichten für Kinder
21 Achtung, Aufnahme!
22 Internet: Entdecke das world wide web
23 Informationen sammeln und auswerten
24 Sprachstudio: Regelmäßige Tunwörter (Verben) in der 1. Vergangenheit
25 Sprachstudio: Unregelmäßige Tunwörter (Verben) in der 2. Vergangenheit
26 Schreibstudio: Eine Fantasiegeschichte erzählen: Käpt'n Theobalds fantastische Geschichte
27 Kaleidoskop
Richtig schreiben: 92–95

Werbung weckt Wünsche
28 Werbung weckt Wünsche
29 Werbung durchschauen
30 Werbung selbst gemacht
31 Werbung für Robbi Roboter
32 Sprachstudio: Wörtliche Rede
33 Sprachstudio: Wortfeld sprechen
34 Schreibstudio: Mit Werbetexten überzeugen
35 Kaleidoskop
Richtig schreiben: 96–99

Mädchen und Jungen
36 Typisch Mädchen? Typisch Junge?
37 Meine Meinung – deine Meinung
38 Gefühle haben einen Namen
39 Namenwörter (Nomen) gesucht!
40 Sprachstudio: Abstrakte Namenwörter (Nomen)
41 Sprachstudio: Endbausteine/Nachsilben für Namenwörter (Nomen)
42 Schreibstudio: Freundschaftsgeschichten
43 Kaleidoskop
Richtig schreiben: 100–103

Feuer – Erde – Wasser – Luft
44 Die vier Elemente
45 Wasserwörter – Feuerwörter
46 Einen Gedankenplan entwerfen
47 Einen Versuch beschreiben
48 Sprachstudio: Vorsilben – Anfangsbausteine für Tunwörter (Verben)
49 Sprachstudio: „Geteilte" Tunwörter (Verben)
50 Schreibstudio: Ein Rondeau schreiben
51 Kaleidoskop
Richtig schreiben: 104–107

Unser Ort – früher und heute
52 Wie ist unser Ort entstanden?
53 Tore in die Vergangenheit
54 Eine Straße – früher und heute
56 Sprachstudio: 1. und 2. Vergangenheit
57 Sprachstudio: Wortstamm und Zeitform
58 Schreibstudio: Von Stichpunkten zum Bericht
59 Kaleidoskop
Richtig schreiben: 108–111

Miteinander leben und lernen
60 Was wir am Tag alles machen
61 Partnerklassen
62 Blindenschrift
63 Gebärdensprache
64 Sprachstudio: Satzglieder
65 Sprachstudio: Was tut jemand? – Die Satzaussage (Prädikat)
66 Schreibstudio: Eine Erlebnisgeschichte überarbeiten
67 Kaleidoskop
Richtig schreiben: 112–115

2

Manchmal gibt es auch ein Register (= Sach- oder Stichwortverzeichnis) am Ende des Buches. Dort findest du alphabetisch sortiert Begriffe mit den Seitenangaben, auf denen die Texte den Begriff beinhalten.

Informationskarte 7

Tipps zum Markieren

1. Lege einen Bleistift, Lineal, Radiergummi, Textmarker, einen dünnen roten Stift und einen Zettel auf deinen Arbeitstisch.
2. Lies den Text erst einmal in Ruhe durch, damit du weißt, worum es geht.
3. Unterstreiche zuerst wichtige Stellen mit dem Bleistift, denn dann kannst du immer noch etwas ändern.
4. Lies das Unterstrichene nochmals durch. Hebe nur die allerwichtigsten Begriffe (= Schlüsselwörter) mit dem Textmarker hervor.
5. Wenige zusätzliche Informationen, die deine Schlüsselbegriffe erklären, darfst du mit einem dünnen roten Stift unterstreichen.

Schreibe deine Schlüsselbegriffe auf einen Zettel und probiere aus, ob du mit ihrer Hilfe den Text nacherzählen kannst.

Informationskarte 8

Leporello

Ein Leporello ist ein langer, fächerartig gefalteter Papierstreifen, auf dem du Informationen anordnen kannst.

Die Seitenzahl eines Leporellos ist beliebig.

Du kannst auf den Seiten malen und schreiben. Auch kleine Bilder oder ausgeschnittene Texte können in ein Leporello geklebt werden.

Informationskarte 9

Word starten

Wenn der Rechner hochgefahren ist, erscheint die Startseite. Dort findest du alle Programme, die sich auf dem Computer befinden.

Word ist ein Schreibprogramm für den Computer. Du kannst damit Texte schreiben.

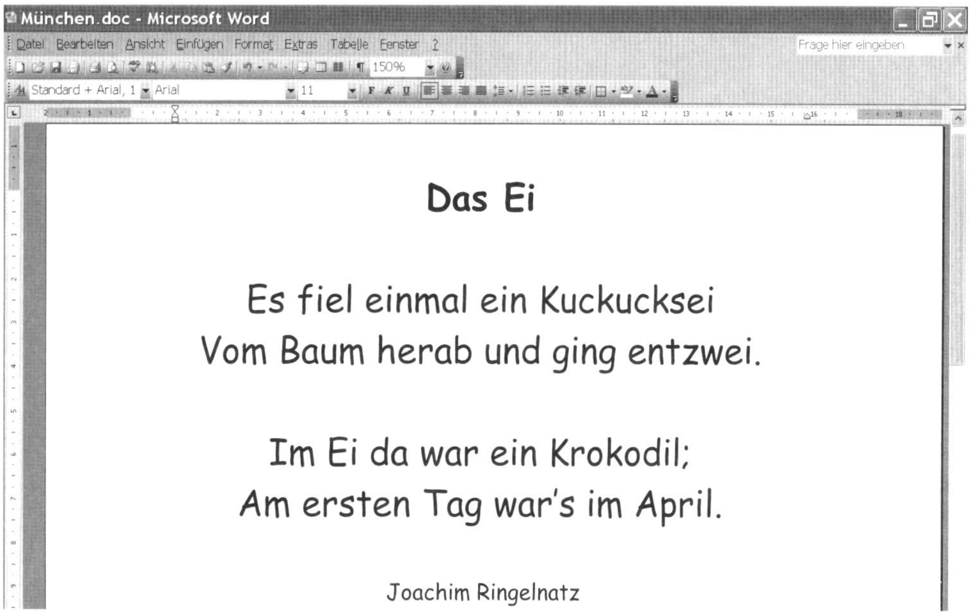

Informationskarte 10

Mit Word umgehen

Auf den äußeren Leisten befinden sich viele verschiedene Symbole.

Wenn du mit dem Mauszeiger vorsichtig über ein Symbol gehst, erfährst du, welche Funktion sich hinter dem Symbol versteckt.

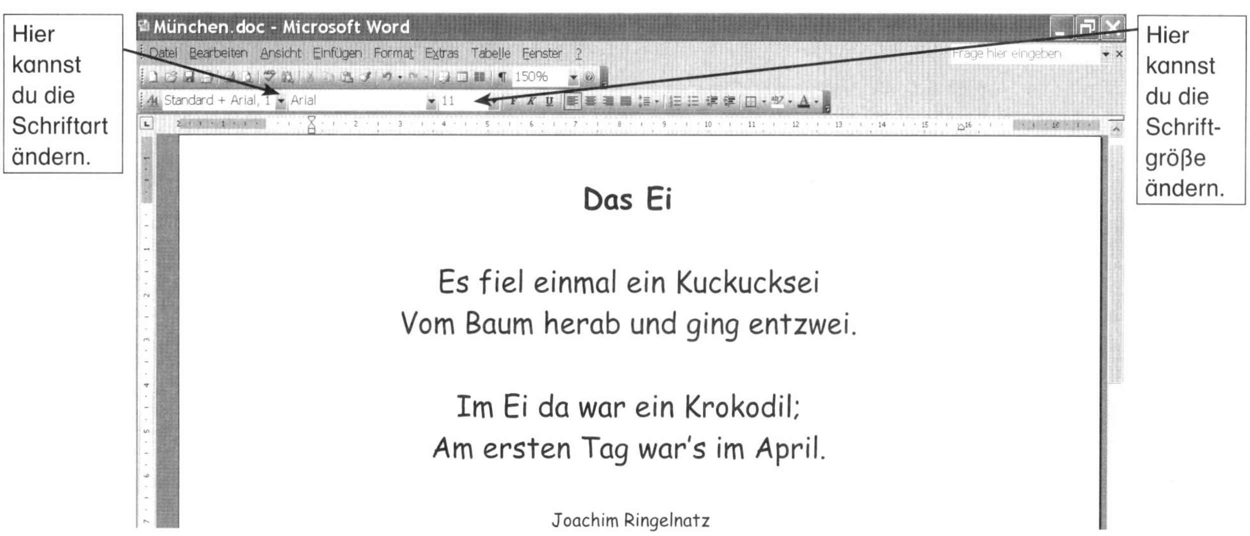

Informationskarte 11

Das Internet starten

Das Internet startest du über den Internet Explorer.
Klicke dieses Symbol mit der Maus an. ⟶

Jetzt öffnet sich eine Internetstartseite. Meist ist es die Homepage deiner Schule.

Nun kannst du hier die jeweilige Internetadresse eingeben.

Informationskarte 12

PowerPoint

PowerPoint ist ein Präsentationsprogramm. Damit kannst du Folien erstellen, ähnlich wie für einen Overheadprojektor. Allerdings muss man die Folien nicht mehr einzeln auflegen, sondern kann mit Mausklick eine nach der anderen aufrufen. Du kannst deinen Vortrag besser gliedern und anschaulicher gestalten.

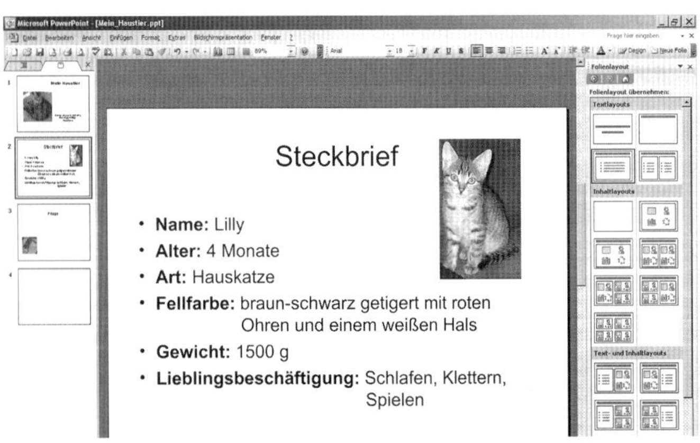

Das Programm hat die gleichen Schaltflächen wie das Schreibprogramm Word. Es gibt viele Vorlagen zur Auswahl. Du kannst aber auch eigene Effekte, wie Musik oder Grafiken, einbauen. Deiner Fantasie und deiner Kreativität sind keine Grenzen gesetzt.

Das weiß ich schon 1

ABC-Liste

Das brauchst du:
- ABC-Liste
- Stift
- Partner

So arbeitest du:
1. Wählt ein Thema, das euch interessiert.
2. Jeder schreibt in seine ABC-Liste alles, was er über das Thema schon weiß.
3. Vergleiche jetzt mit deinem Partner.

Tipp: Willst du über das gewählte Thema noch mehr wissen? Schlag in einem passenden Buch nach.

A	
B	
C	
D	
E	
F	
G	
H	

→ Arbeitsblatt 1

Das weiß ich schon 2

Brainstorming

Brainstorming bedeutet, dass du zum Finden von Ideen zuerst einmal alles aufschreibst, was dir zu einem Thema einfällt.

Das brauchst du:
- 1 großes Blatt Papier
- Stift
- Partner

So arbeitest du:

1. Schreibe ganz groß das Wort Waldtiere in die Mitte des Blattes.
2. Schreibe alles, was du dazu weißt, in Stichworten außen herum.
3. Vergleiche mit einem Partner.
4. Ergänze weitere Ideen auf deinem Blatt.

Rehe		Ameisen
	Waldtiere	
scheu		Vögel

Das weiß ich schon 3

Cluster

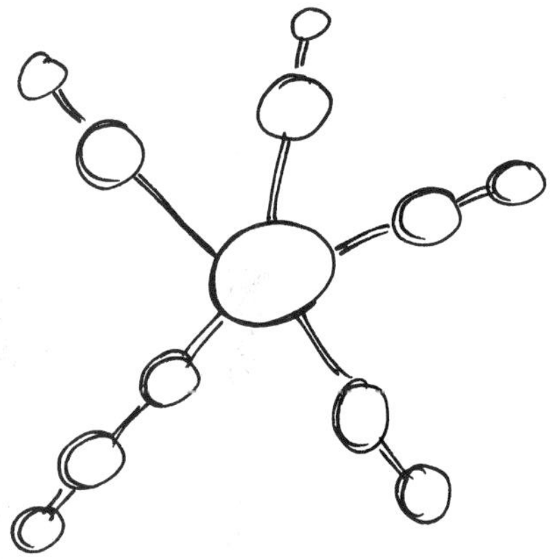

In einem Cluster bildest du Ideenketten, indem du alles, was dir zu jeder neuen Idee einfällt, an diese anhängst – wie an eine Kette.

Das braucht ihr:
- 1 großes Blatt Papier
- Stift

So arbeitet ihr:
1. Wählt ein Thema, das dich und deinen Partner interessiert.
2. Schreibt das Thema in die Mitte eures Blattes.
3. Notiert jetzt alles, was euch dazu einfällt. Weitere Einfälle zu einer Idee verbindet ihr mit dieser, bei ganz neuen Ideen beginnt ihr wieder von der Mitte.

Tipp: Aus euren Ideen könnt ihr einen Text zusammenstellen.

Das weiß ich schon 4

Mindmap

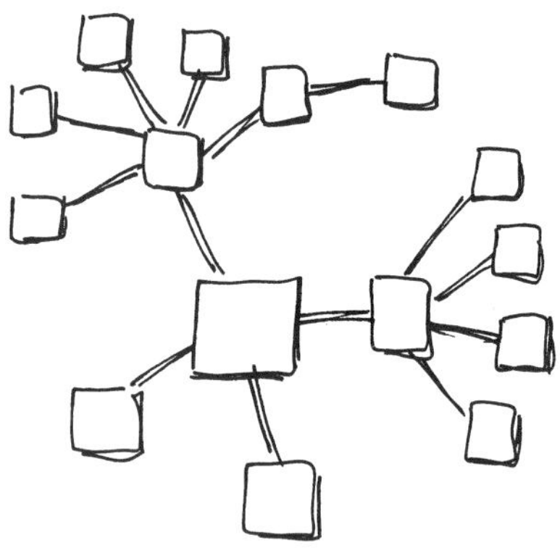

Mit einer Mindmap kannst du wichtige Informationen ordnen – wie auf einer „Gedächtnislandkarte“.

Das brauchst du:
- 1 großes Blatt Papier
- Stift
- Brainstorming zu Waldtieren

So arbeitest du:
1. Ordne deine Informationen zu Waldtieren in einer Mindmap.
2. Das Beispiel hilft dir.

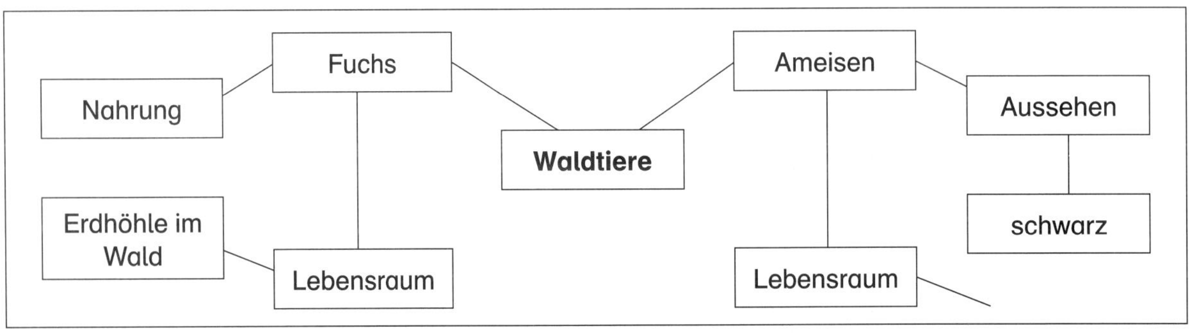

Das weiß ich schon — 5

Infomarktplatz

Das braucht ihr:
- 4 bis 5 Kinder
- großer Teppich

So arbeitet ihr:
1. Wählt ein Thema.
2. Schaut in der Bücherei, ob es Bücher zu eurem Thema gibt.
3. Trefft euch dann am Infomarktplatz (auf dem Teppich) und tauscht euch spontan zum Thema aus.
4. Besprecht, was ihr schon zum Thema wisst und was euch noch interessiert.

Themen:

Meerestiere, Ritter, Cowboys, Dinosaurier, Elektronik, Weltraum, Piraten, Steinzeit, Haustiere, Fußball, Leichtathletik, Weltrekorde ...

Das weiß ich schon — 6

Diskussion

Das braucht ihr:
- Thema

So arbeitet ihr:
1. Wählt ein Thema, das euch interessiert, z.B.: „Wie lange soll die Schulpause sein?“
2. Nun berichtet einer von euch, was er darüber schon weiß.
3. Die anderen Diskussionsteilnehmer knüpfen daran an: „Ich stimme dir zu und möchte anfügen ...“
4. Wenn du anderer Meinung bist, kannst du das so zum Ausdruck bringen: „Ich sehe das nicht so, weil ...“

Tipp: Aus euren Ideen könnt ihr auch ein Cluster zusammenstellen.

→ „Das weiß ich schon“, Karte 3

Das weiß ich schon 7

Stilles Brainstorming

Das braucht ihr:
- 3 bis 4 Kinder
- 1 großes Blatt Papier
- dicke Filzstifte

So arbeitet ihr:
1. Wählt ein Thema, das euch interessiert.
2. Was wisst ihr schon zu diesem Thema?
3. Schreibt es reihum auf das Blatt.
4. Wichtig: Dabei darf nicht gesprochen werden.
5. Wer nichts mehr weiß, legt seinen Filzstift zur Seite.

Tipp: Besprecht anschließend, was ihr noch zu eurem Thema wissen möchtet.

Wichtige Techniken 1

Nach dem Alphabet sortieren

Das brauchst du:
- Block
- Stift

So arbeitest du:
1. Ergänze die fehlenden Buchstaben.

   A B _ _ E _ G_ _ J _ _ _ _

   O _ Q _ S _ _ V _ _ _ _
2. Sortiere die Wörter nach dem Alphabet:

   Milch, Tarnung, Fliege, Kaufhaus, Zirkus, Lawine, Wohnung, Natur, Siebenschläfer, Tier, Garten, Kino, Blumen, Atmosphäre, Honig, Ohrwurm, Dieb.

Tipp: Schlage Wörter, die du nicht kennst, im Lexikon nach.
Die Informationskarte 6 hilft dir, dich im Lexikon zurecht zu finden.

Wichtige Techniken 1

Nach dem Alphabet sortieren

Das braucht ihr:
- Block
- Stift

So arbeitet ihr:
1. Einer von euch sagt laut „A“ und geht im Stillen das ganze Alphabet durch. Der andere sagt nach kurzer Zeit „stopp“ und der Buchstabe wird laut genannt.
2. Jeder sucht jetzt 10 beliebige Wörter zu dem genannten Buchstaben.
3. Vergleicht die Wörter, streicht doppelte durch und sortiert die restlichen nach dem Alphabet.
4. Dies könnt ihr mit mehreren Buchstaben machen.

Tipp: Achtung, jetzt kommt es auf den 2. Buchstaben an.
Erklärt euch Wörter, die einer von euch nicht kennt. Oder schaut im Lexikon nach.

Wichtige Techniken 2

Wörtersuche

Das brauchst du:
- Lineal
- Stift

So arbeitest du:
1. Unterstreiche in dem Text alle „Karotten“ mit Stift und Lineal.
2. Wie viele „Karotten“ hast du gefunden?

Tipp: Du kannst auch die „Karotten“ mit einem leuchtenden Textmarker markieren.

Wichtige Techniken 2

Wörtersuche

Karotte – Kohlrabi – Möhre – Karotte – Kartoffel – Bohne – Erbse – Karotte – Erbse – Bohne – Mais – Möhre – Kartoffel – Artischocke – Kohlrabi – Karotte – Karotte – Blaukraut – Weißkraut – Möhre – Mais – Spinat – Rosenkohl – Erbse – Karotte – Blumenkohl – Bohne – Karotte – Tomate – Paprika – Tomate – Karotte – Mais – Erbse – Bohne – Karotte – Gurke – Paprika – Karotte – Tomate

Es sind ________ Karotten.

Wichtige Techniken 3

Wörter markieren

Das brauchst du:
- Lineal
- roter und blauer Stift

So arbeitest du:
1. Unterstreiche in dem Text alle „Obstsorten" mit einem roten Stift und alle „Möhren" mit einem blauen Stift.
2. Wie viele Obstsorten und Möhren hast du gefunden?

Tipp: Du kannst auch die „Obstsorten" und „Möhren" mit zwei verschiedenen Textmarkern markieren.

Wichtige Techniken 3

Wörter markieren

Tomate – Bohne – Erdbeere – Möhre – Erbse – Paprika – Mais – Stachelbeere – Kohlrabi – Blaukraut – Orange – Tomate – Gurke – Möhre – Mandarine – Möhre – Erbse – Weintraube – Möhre – Möhre – Paprika – Weintraube – Blumenkohl – Möhre – Rosenkohl – Apfel – Bohne – Birne – Pflaume – Möhre – Erbse – Tomate

Ich habe ______ Obstsorten und ______ Möhren gefunden.

Die Obstsorten heißen:

____

____

____

Wichtige Techniken 4

Sätze markieren

Das brauchst du:
- Lineal
- Stift
- Partner

So arbeitest du:
1. Unterstreiche im Text nur die Sätze, die mit Katzen zu tun haben.
2. Vergleiche deine Ergebnisse mit den Ergebnissen deines Partners.

Wichtige Techniken 4

Sätze markieren

Viele Kinder wünschen sich ein Haustier. Katzen sind sehr beliebte, aber auch eigenwillige Haustiere. Manchmal sind Katzen unnahbar und kratzbürstig, dann wieder verschmust und verspielt. Für viele Menschen ist der Hund der beste Freund. Hunde leben seit Jahrtausenden bei den Menschen und sind nicht nur treue Gefährten, sondern auch Wach-, Hüte- und Suchhunde. Vor der Anschaffung eines Haustieres muss sich die Familie viele Dinge genau überlegen. Dazu zählt zum Beispiel der zeitliche Aufwand für das Tier. Eine Katze nimmt weniger Zeit in Anspruch als ein Hund, da dieser viel Auslauf braucht. Das heißt, täglich muss ein Familienmitglied mit dem Hund Gassi gehen. Berücksichtigen sollte man auch, ob das zukünftige Haustier in einer Wohnung oder in einem Haus mit Garten untergebracht wird. Eine Katze kann gut als Hauskatze in einer Wohnung gehalten werden. Ein Hund, besonders ein großes Tier, braucht Platz zum Spielen und Toben. Dafür ist ein Garten ideal.

Wichtige Techniken 5

Textstellen gezielt markieren (1)

Das brauchst du:
- Lineal
- roter, grüner und blauer Stift

So arbeitest du:
1. Lies den Text über Frösche leise durch. Markiere alle wichtigen Stellen, in denen du etwas über das Aussehen (rot), über die Nahrungsbeschaffung (grün) und über den Lebensraum (blau) erfährst.
2. Schreibe einen Satz dazu auf, was du dir besonders über Frösche merken möchtest.

Tipp: Du kannst dich in einem Tierbuch noch genauer informieren.

→ Informationskarte 7

Wichtige Techniken 5

Textstellen gezielt markieren (1)

Frösche

Frösche leben in feuchten Gebieten. Sie sind Amphibien mit grün-gelblicher Hautfarbe. Sie können im Wasser und auf dem Land leben. Sie werden im Wasser geboren, leben später aber größtenteils auf dem Land. Jedes Jahr im Frühling kehren sie zu demselben Teich zurück, um sich dort zu paaren. Ihren Winterschlaf verbringen sie im Schlammgrund des Teiches. Sie fressen Insekten, Schnecken und Würmer. Sie fangen sie mit ihrer langen Zunge, die vorne im Maul angewachsen ist. Sie können gut schwimmen und springen.

Während der Paarungszeit quaken die Männchen besonders laut. Manche Frösche haben Schallblasen. Dadurch klingt das Quaken noch lauter. Sie verteidigen so ihr Revier und locken Weibchen an.

Wichtige Techniken 6

Textstellen gezielt markieren (2)

Das brauchst du:
- Lineal
- verschieden farbige Stifte
- Partner

So arbeitest du:
1. Lies den Text leise durch.
2. Unterstreiche oder markiere alle Informationen zum Aussehen, zur Nahrung und zum Lebensraum. Verwende unterschiedliche Farben.
3. Vergleiche mit einem Partner.

Tipp: Formuliere eine Quizfrage zu diesem Text.

→ Informationskarte 7

Wichtige Techniken 6

Textstellen gezielt markieren (2)

Wespen

Wespen haben einen gelb-schwarz gemusterten Körper, sind sehr schlank und kaum behaart. Es gibt viele Wespenarten. Die Wespen, die dich beim Eisschlecken oder Kuchenessen stören, sind die „Deutsche Wespe“ und die „Gemeine Wespe“. Sie mögen auch gerne Süßes wie Nektar und Obst, jagen aber auch andere Insekten.
Ihre Nester bauen sie aus einer papierähnlichen Masse. Dazu zerkauen sie Holzstückchen ganz fein und kleben sie aneinander. Meistens legen sie ihre Nester unter der Erde an, z. B. im Erdgang einer Maus. Im Wespenstaat leben bis zu 5000 Tiere mit einer Königin, vielen Arbeiterinnen und Drohnen. Die Larven werden mit anderen toten Insekten ernährt.
Ein Wespenvolk lebt ein Jahr. Nur die zukünftigen und im Spätsommer begatteten Königinnen überwintern. Das alte Nest verlassen sie dann und bauen im nächsten Frühjahr ein neues.

Wichtige Techniken 7

Der „rote Faden“

Das brauchst du:
- roter Stift
- Partner

So arbeitest du:
1. Lies den Text leise durch.
   Die wichtigsten Wörter (Schlüsselwörter) sind markiert.
2. Verbinde die Schlüsselwörter mit einem roten Farbstift.
   Das ist der „rote Faden“ der Geschichte.
3. Erzähle mit den Schlüsselwörtern die ganze Geschichte einem Partner.

Wichtige Techniken 7

Der „rote Faden“

Tief unten auf dem Meeresgrund lebte einmal ein Schwarm großer Fische, die recht eingebildet waren. Sie hatten großen Spaß daran, sich über die kleinen Fische lustig zu machen.

„Ach, ihr armen nutzlosen Wesen“, lästerten sie, „ihr seid so unscheinbar, dass man euch kaum sieht.“

Mitunter taten sie auch so, als wollten sie die kleinen Fische beschützen, und meinten: „Ihr seid wahrlich zu bedauern, dass ihr so winzig seid und den Tücken des Meeres nicht gewachsen.“

Eines Tages warfen die Fischer in dieser Gegend die Netze ins Meer. Die großen Fische waren plötzlich gefangen.

Die kleinen Fische hingegen konnten sich retten, indem sie geschickt durch die Maschen der Netze hindurchschlüpften.

Da wurde den großen Fischen klar, dass es gar kein Unglück war, klein zu sein. (nach Äsop)

Wichtige Techniken 8

Wörter am „roten Faden“

Das braucht ihr:
- leere Wortkarten
- Stifte
- roter Faden
- kleine Wäscheklammern

So arbeitet ihr:
1. Lest den Text leise durch.
2. Markiert die wichtigsten Wörter (Schlüsselwörter) mit einem Stift und malt den „roten Faden“ in die Geschichte.
3. Schreibt jetzt die Schlüsselwörter auf Karten.
4. Hängt die Karten mit den Wäscheklammern an den „roten Faden“ und erzählt die Geschichte.

Wichtige Techniken 8

Wörter am „roten Faden“

Die beiden Frösche

Zwei Frösche, deren Tümpel die heiße Sommersonne ausgetrocknet hatte, gingen auf Wanderschaft. Gegen Abend kamen sie in die Kammer eines Bauernhofes und fanden dort eine große Schüssel Milch vor, die zum Buttermachen aufgestellt war. Sie hüpften sogleich hinein und ließen es sich schmecken.
Als sie den Durst gestillt hatten und wieder ins Freie wollten, konnten sie es nicht: Die glatte Wand der Schüssel war nicht zu bezwingen und sie rutschten immer wieder in die Milch zurück. Viele Stunden mühten sie sich vergeblich ab und ihre Schenkel wurden allmählich immer matter. Da quakte der eine Frosch: „Alles Strampeln ist umsonst, das Schicksal ist gegen uns, ich geb's auf!“ Er machte keine Bewegung mehr, glitt auf den Boden des Gefäßes und ertrank.
Sein Gefährte aber kämpfte verzweifelt weiter bis tief in die Nacht hinein. Da fühlte er den ersten festen Butterbrocken unter seinen Füßen. Er stieß sich mit letzter Kraft ab und war im Freien. (Fabel nach Äsop)

Wichtige Techniken 9

Teilüberschriften finden

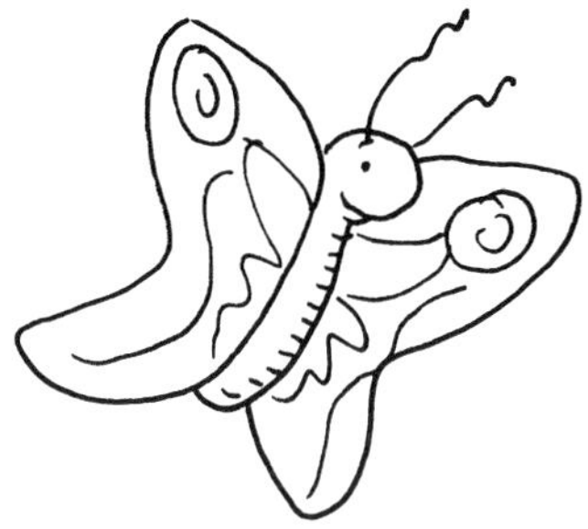

Das brauchst du:
- Block
- Stift
- Partner

So arbeitest du:
1. Finde zu den einzelnen Abschnitten des Textes Teilüberschriften.
2. Schreibe so: A: Aussehen; B: …
3. Vergleiche mit einem Partner.

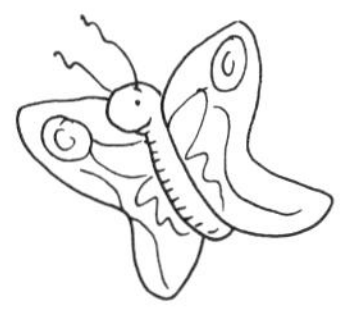
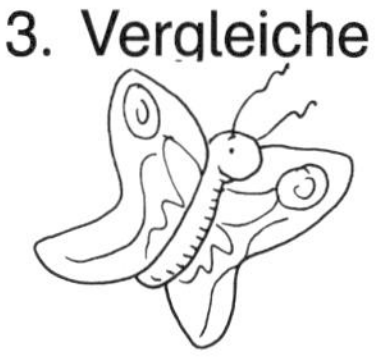
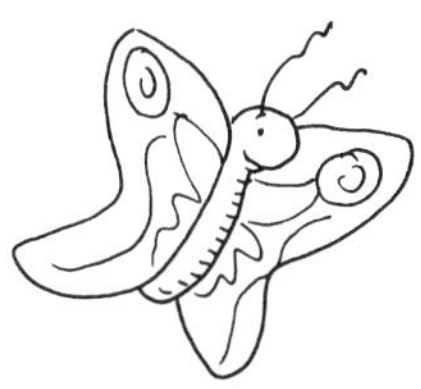
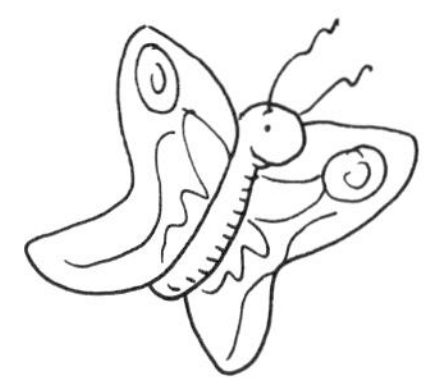

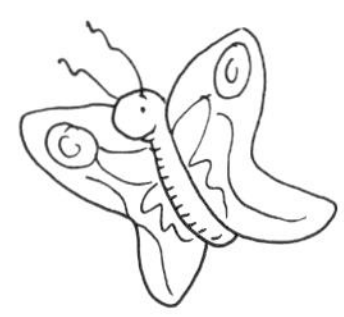
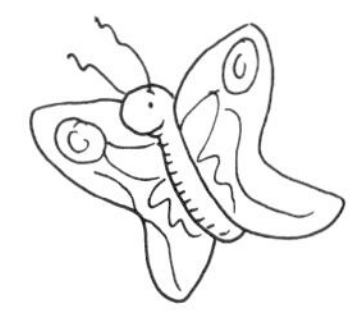

Wichtige Techniken 9

Teilüberschriften finden

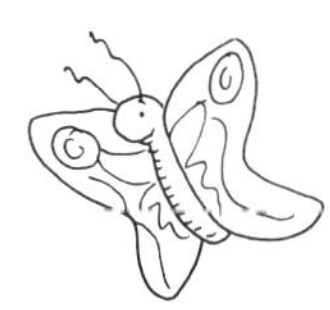

Schmetterlinge

Schmetterlinge haben sechs Beine und zwei Augen, zwei Paar Schuppenflügel, Fühler und einen langen aufrollbaren Saugrüssel.	A
Schmetterlinge saugen mit ihrem Rüssel den Blütensaft aus den Blütenkelchen.	B
Manchmal trinken Schmetterlinge an überreifen Früchten. Der Saft ist dabei schon zu Wein vergoren. Davon werden sie betrunken und können nicht mehr fliegen.	C
Bei den Schmetterlingen unterscheidet man zwischen Tag- und Nachtfaltern. Die meisten Schmetterlinge sind Tagfalter.	D
Schmetterlinge legen Eier ab, aus denen Raupen schlüpfen. Die Raupen fressen und wachsen. Sie verwandeln sich zu Puppen. Geschützt durch die harte Puppenhülle entsteht der fliegende Falter.	E
In der Nacht suchen die meisten Schmetterlinge einen sicheren Schlafplatz, der ein ruhiges Blatt oder ein Grashalm sein kann. Die meisten Schmetterlinge kehren jede Nacht an dieselbe Stelle zurück.	F

Wichtige Techniken 10

Einen Stichwortzettel schreiben

Das brauchst du:
- Block
- Stift

So arbeitest du:
1. Lies den Text leise durch.
2. Schreibe Stichworte auf deinen Merkzettel, was Marko an welchem Tag macht.

Tipp: Schreibe so: Montag: ...

→ Informationskarte 2

Wichtige Techniken 10

Einen Stichwortzettel schreiben

In der nächsten Woche ist bei Marko viel los.

Gleich am Montag um 16.00 Uhr ist die Musikstunde bei Frau Huber. Markos Mutter hat für Dienstag einen Zahnarzttermin ausgemacht. Dafür darf er am Donnerstag mit seinen Freunden ins Kino gehen. Am Mittwoch ist aber zunächst noch das letzte Fußballtraining vor dem Turnier am Sonntag. Am Freitag will er sich mit seinen Freunden treffen.

Wichtige Techniken 11

Stichwörter zu Sätzen notieren (1)

Das brauchst du:
- Block
- Stift
- Partner

So arbeitest du:
1. Lies die drei Sätze durch.
2. Unterstreiche die Wörter, die du dir merken möchtest.
3. Schreibe die Stichwörter auf einen Block, um den Inhalt des Satzes nicht zu vergessen.
4. Suche dir einen Partner. Decke nun die Sätze ab und erzähle mithilfe deiner Stichwortliste, was du gelesen hast.
5. Wechselt euch ab.

→ Informationskarte 2

Wichtige Techniken 11

Stichwörter zu Sätzen notieren (1)

Satz 1: Die Bachforelle ist ein Fisch, der in Bächen und Flüssen mit klarem Wasser lebt und Insektenlarven, Krebse und Fluginsekten frisst.

Satz 2: Bergeidechsen leben in kühleren Gegenden mit feuchten Böden. Sie werfen bei Gefahr ein Stück ihres Schwanzes ab.

Satz 3: Die Stieleiche ist eine von über 500 Eichenarten und liefert wertvolles, hartes Holz.

Wichtige Techniken 12

Stichwörter zu Texten notieren (2)

Das brauchst du:
- Muggelsteine
- Block
- Stift
- Partner

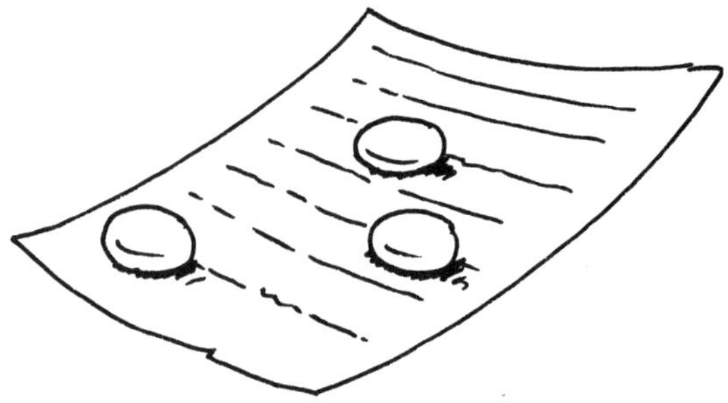

So arbeitest du:
1. Lies den Text leise durch.
2. Markiere die wichtigsten Wörter mit Muggelsteinen.
3. Schreibe diese Stichwörter auf deinen Block.
4. Drehe die Karte nun um und erzähle den Inhalt des Textes deinem Partner.

→ Informationskarte 2

Wichtige Techniken 12

Stichwörter zu Texten notieren (2)

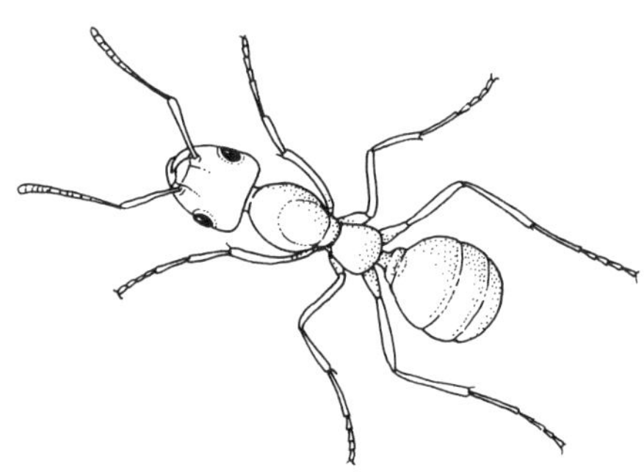

Wissenswertes über Ameisen

Ameisen sind Insekten, die in großen Gemeinschaften leben. Sie bauen ihre Nester entweder unterirdisch, wie z. B. die Wegameise, oder überirdisch, wie z. B. die Rote Waldameise.

In einem Ameisenvolk sind immer drei Formen (= Kasten) von Ameisen vorhanden: ein oder mehrere Weibchen (= Königinnen), Männchen und Arbeiter. Die männlichen Ameisen tragen meist Flügel. Weibchen verlieren ihre Flügel nach dem Hochzeitsflug. Arbeiter sind stets flügellos.

Wichtige Techniken 13

Stichwörter zu Texten notieren

Das brauchst du:
- Block
- Stift
- Partner

So arbeitest du:
1. Wähle einen Text aus.
2. Lies den kurzen Text durch.
3. Schreibe dir wichtige Stichwörter auf.
4. Suche dir einen Partner.
   Vergleicht eure Stichwörter.

→ Informationskarte 2

Wichtige Techniken 13

Stichwörter zu Texten notieren

Kaninchen

Kaninchen sind mit dem Hasen verwandte Säugetiere.

Sie sind fast auf der ganzen Welt verbreitet und leben in Erdhöhlen. Ihre Nahrung besteht aus Gräsern, Getreide, Klee, Rüben und Beeren. Füchse und Greifvögel sind ihre Feinde.

Schnecken

Schnecken sind Weichtiere und mit den Muscheln, Tintenfischen und Kraken verwandt. Sie brauchen Wasser und sind nur nachts oder bei Regenwetter aktiv.

Viele Schnecken bilden ein eigenes Haus, das sie mit sich herumtragen und in dem sich das Herz befindet. Sie atmen nicht durch den Mund und haben keine Nase, sondern holen durch ein Atemloch am Haus Luft. Mit den kurzen Fühlern und dem Mund können sie riechen und schmecken. Am Ende der langen Fühler haben sie Augen.

Wichtige Techniken 14

Der Lesedreisprung

Das brauchst du:
- Stift

So arbeitest du:

1. Nachschlagen
   Lies den Text, markiere unbekannte Wörter und schlage diese nach.
2. Unterstreichen
   Lies jetzt noch einmal.
   Finde wichtige Wörter und unterstreiche sie.
3. Schnell lesen
   Lies nur die wichtigen Wörter noch einmal und präge sie dir ein.

Tipp: Übe das Nachschlagen mit den Karten 4 und 5 „Informationen aus Sachbüchern".

Wichtige Techniken 14

Der Lesedreisprung

Abendsegler

Abendsegler sind die größten Fledermäuse Europas. Sie werden zwischen 5 und 10 cm groß und erreichen eine Spannweite von bis zu 46 cm. Außerdem können sie bis zu 50 Stundenkilometer schnell fliegen.

Abendsegler leben vor allem in Wäldern, aber auch in der Nähe menschlicher Siedlungen. Sie schlafen in Baumhöhlen oder einem geschützten Raum, in dem sie kopfüber hängend den Tag verbringen können. In der Dämmerung fliegen sie auf Beutejagd. Fledermäuse fressen Insekten, vor allem Käfer und Nachtfalter. Damit sie sich im Dunkeln orientieren können, stoßen die Fledermäuse Ultraschalltöne aus. Diese Töne sind so hoch, dass der Mensch sie nicht mehr hören kann. Der Schall wird zur Fledermaus zurückgeworfen, wenn er auf ein Hindernis stößt. So wissen sie, wo sich ein Beutetier oder ein Hindernis befindet.

Informationen aus Sachbüchern 1

Begriffe im Lexikon suchen

Das braucht ihr:
- Kinderlexikon
- Block
- Stift

So arbeitet ihr:
1. Schlagt die Wörter auf der Karte in einem Kinderlexikon nach.
2. Schreibt in Stichpunkten das Wichtigste auf.
3. Teilt euch die Arbeit.

Informationen aus Sachbüchern 1

Begriffe im Lexikon suchen

Urknall – Milchstraße – Atlanten –

Ozean – Schwarzes Loch – Kosmos –

Säugetiere – Lichtjahr

Informationen aus Sachbüchern 2

Eine Tabelle lesen

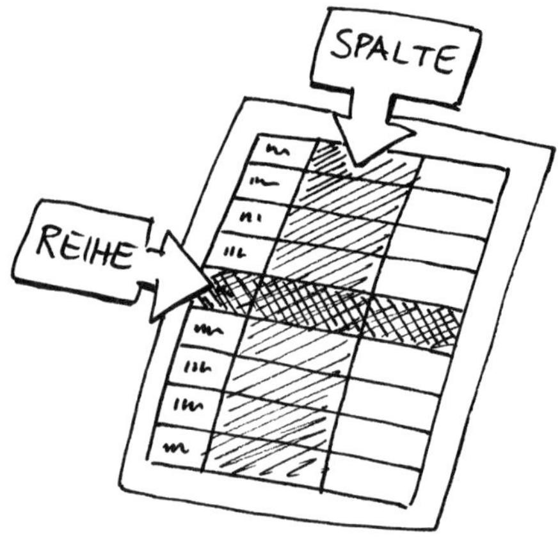

Das brauchst du:
- Block
- Stift

So arbeitest du:
- Beantworte die Fragen schriftlich.

1. Stefan isst kein Fleisch. Kann er trotzdem in der Schule essen?
2. Wie oft kann Lisa in der Woche Salat essen?
3. An welchen Wochentagen können die Kinder Nudeln essen?
4. Gaby isst am liebsten süße Gerichte. Wie oft gibt es diese in der Woche?
5. Notiere dein Lieblingsessen.

Informationen aus Sachbüchern 2

Eine Tabelle lesen

Speiseplan: 5. bis 9. Januar	ESSEN 1	ESSEN 2 (ohne Fleisch)
Montag	Currywurst mit Pommes frites	Rösti mit grünem Salat
Dienstag	Schinkennudeln mit Ei und gemischtem Salat	Gemüsepizza
Mittwoch	Wiener Schnitzel mit Kartoffelsalat	Pellkartoffeln mit Kräuterquark
Donnerstag	Spaghetti mit Hackfleischsoße und Tomatensalat	Dampfnudeln mit Birnenkompott
Freitag	Fischstäbchen mit Reis und Karottensalat	Pfannkuchen mit Apfelmus

Informationen aus Sachbüchern 3

Ein Schaubild lesen

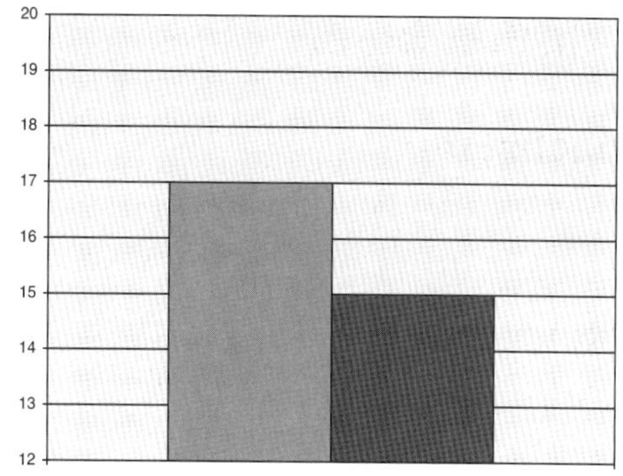

Das brauchst du:
- Block
- Stift
- Partner

So arbeitest du:
1. Besprich dich mit deinem Partner.
   Wie liest du ein Säulendiagramm?
2. Beantworte die Fragen mithilfe des Säulendiagramms.

   - Wie heißt das Lieblingsessen der Klasse 3b?
   - Wie viele Schüler essen gerne Döner?
   - Notiere die Anzahl der Schüler für jedes Gericht.

→ Informationskarte 5

Informationen aus Sachbüchern 3

Lieblingsessen der Klasse 3b

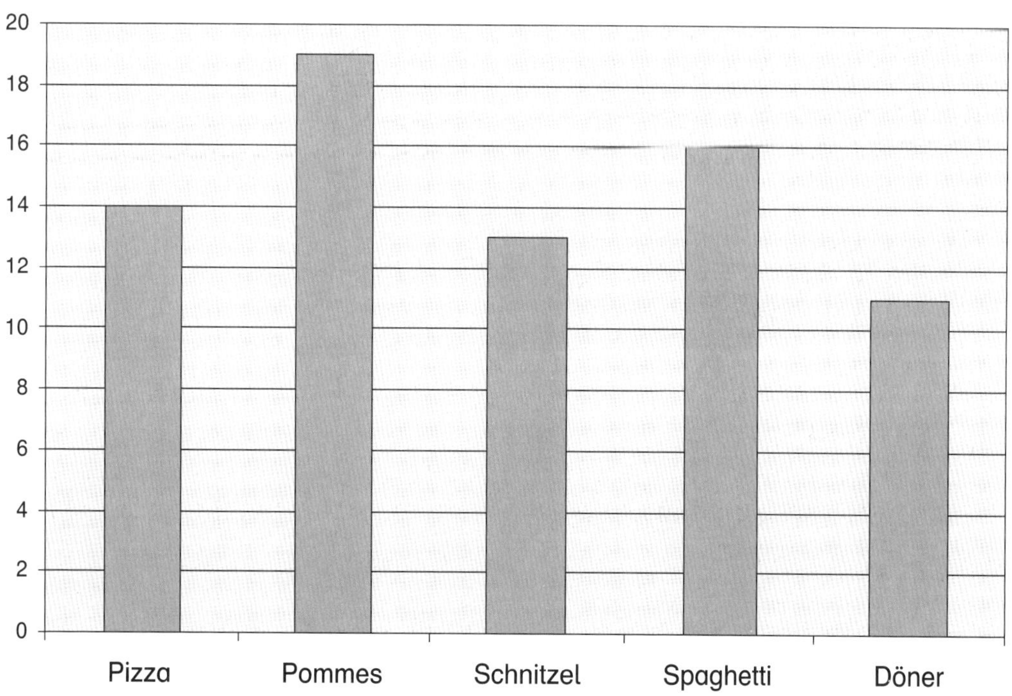

Lieblingsessen: Mehrfachnennungen möglich

Informationen aus Sachbüchern 4

Im Inhaltsverzeichnis nachschlagen

Das brauchst du:
- Block
- Stift

So arbeitest du:
Beantworte die Fragen auf einem Block.

1. In welchem Kapitel erfährst du vielleicht, wie Wildhunde ihre Beute jagen?
2. In welchem Kapitel erfährst du etwas über die Verständigung zwischen den Tieren?
3. In welchen Kapiteln erfährst du etwas über die Unterschiede zwischen Wölfen und Füchsen?
4. In welchem Kapitel erfährst du etwas über die Feinde von Hunden?

Tipp: Diskutiere mit einem Partner über deine Ergebnisse.

→ Informationskarte 6

Informationen aus Sachbüchern 4

Im Inhaltsverzeichnis nachschlagen

Wölfe und Füchse	
Wilde Hunde	S. 8
Der Wolf	S. 10
Meister Reineke	S. 12
Hund auf Eis …	S. 14
… oder heiß	S. 16
Hundesprache	S. 18
Das Rudel geht auf Jagd	S. 20
Hundesinne	S. 22
Hunde in Gefahr	S. 24
Nachwuchs	S. 26
Haushunde	S. 28
Register	S. 29

Informationen aus Sachbüchern 5

Einen Sachtext verstehen

Das braucht ihr:
- Lexikon

So arbeitet ihr:
1. Legt die Karte aufgedeckt vor euch hin.
2. Einige Fremdwörter könnt ihr euch bestimmt sofort gegenseitig erklären.
3. Schlagt die Fremdwörter, die ihr nicht versteht, im Lexikon nach.
4. Lest die Erklärung.
5. Erklärt euch dann gegenseitig das Fremdwort in eigenen Worten.

Tipp: Die Begriffe im Lexikon sind alphabetisch geordnet!

→ Informationskarte 1

Informationen aus Sachbüchern 5

Reptilien	Nichtleiter	Elektronen
Natrium	Amphibien	Bakterien

Informationen aus Sachbüchern 6

In einem Sachbuch nachschlagen

Das brauchst du:
- Sachbuch oder Lexikon
- Block, Stift

So arbeitest du:
1. Informiere dich über Füchse.
2. Schreibe zuerst auf, was du schon alles weißt.
3. Schlage dann im Buch oder Lexikon nach und notiere Stichpunkte.

Tippe: Lege dir dazu eine Tabelle an.

	Das weiß ich schon	Das habe ich gelesen
Lebensraum		
Nahrung		
Aussehen		

Informationen aus Sachbüchern 7

Welches Sachbuch gibt mir die Information?

Das brauchst du:
- Klassenbücherei oder Schulbücherei
- Block, Stift

So arbeitest du:
1. Unter welchem Themenbereich oder in welcher Farbe findest du in der Bücherei Tierbücher?
2. Schreibe alle Bücher auf, in denen du etwas über Füchse erfährst.
3. Lege dir dazu eine Tabelle an:

Autor	Titel	Verlag

Informationen durch Fragen 1

Eine Fragelandschaft erstellen

Das brauchst du:
- Block
- Stift

So arbeitest du:
1. Stell dir vor, du bist ein Reporter und stellst Fragen an den Bürgermeister zusammen. Überlege dir 10 W-Fragen.
2. Arbeite mit einem Partner.
3. Schreibe die Fragen auf deinen Block.

Tipp: Die W-Fragen auf dieser Karte helfen dir.

Informationen durch Fragen 1

WER? WOZU? WARUM?
WOMIT? WELCHE? WIE?
WODURCH? WANN? WOHIN?
WIE VIEL? WOHER? WEM? WO?
WEN? WOFÜR? WESHALB?

Informationen durch Fragen 2

Frage-Antwort-Spiel

Das braucht ihr:
- Materialkarten M2A und B „Informationen durch Fragen“: verschiedene Texte über Hunde
- Stifte

So arbeitet ihr:
1. Jeder liest still einen Text und markiert wichtige Stellen.
2. Partner A liest seinen Text vor, dann liest Partner B seinen Text vor.
3. Partner A stellt nun seine 3 Fragen. Partner B beantwortet diese.
4. Jetzt stellt Partner B die 3 Fragen und Partner A antwortet.
5. Bearbeitet auch die anderen Texte. Wer kann alle Fragen richtig beantworten?
6. Dann lest den Text auf dieser Karte. Stellt euch gegenseitig die Fragen.

Tipp: Lest deutlich und nicht zu schnell vor.

Informationen durch Fragen 2

Frage-Antwort-Spiel

Hunde

Hunde sind Säugetiere und mit den Wölfen, Kojoten und Füchsen verwandt. Schon früh haben Menschen Hunde zu Haustieren gemacht und für bestimmte Zwecke gezielt gezüchtet. Es gibt verschiedene Hundetypen wie Wach-, Hüte-, Jagd-, Vorsteh-, Schutz-, Begleit-, Gesellschafts- und Haushunde. Noch genauer unterscheidet man zwischen Hunderassen, zum Beispiel Dackel, Pudel, Bernhardiner und Deutscher Schäferhund, und Mischlingen. In Deutschland leben ca. 5 Millionen Hunde – der Hund ist nach der Katze das am meisten gehaltene Haustier.

Partner A: 1. Welche Hundetypen gibt es?
2. Wie viele Hunde leben in Deutschland?

Partner B: 1. Wie unterscheidet man Hunde genauer voneinander?
2. Mit welchen Tieren ist der Hund verwandt?

Informationen durch Fragen 2A

Frage-Antwort-Spiel (Partner A)

Der Dalmatiner

Der Dalmatiner, eine Rasse Kroatiens, hat eine große Ähnlichkeit mit französischen kurzhaarigen Vorstehhunden. Schon im 17. Jahrhundert zählte er zu den bekannten Jagd- und Begleithunderassen. Der Schädel ist flach und breit. An ihm befinden sich hoch angesetzte mittellange Ohren. Die Nase soll so gefärbt sein wie die Tupfen des Haarkleides, die rundlich und schwarz oder braun sind.

1. Aus welchem Land stammt der Dalmatiner?
2. Welche Farbe können die Tupfen des Fells haben?
3. Mit welchem Tier hat der Dalmatiner große Ähnlichkeit?

Informationen durch Fragen 2A

Frage-Antwort-Spiel (Partner A)

Der Collie

Der Collie oder auch Schottische Schäferhund ist einer der schönsten und intelligentesten Hunde überhaupt. Er wird in vielen Ländern als Gesellschaftshund gehalten. Sein Schädel ist schmal, sein Hals zeigt, besonders bei Rüden, eine starke Mähnenbildung.

1. Wie wird der Collie noch genannt?
2. Welche Form hat sein Schädel?
3. Was fällt vor allem bei Rüden auf?

Informationen durch Fragen 2B

Frage-Antwort-Spiel (Partner B)

Der Boxer

Der Boxer ist ein Hund deutscher Züchtung. Seine Vorfahren schützten die Rinderherden und wurden bei der Jagd auf Bären und Wildschweine eingesetzt. Er gilt als mutig, aber ruhig und sehr gutmütig. Er hat dicke Lefzen. Seine Nase ist schwarz. An seinem Kopf ist ein deutlich markierter Stirnabsatz zu erkennen.

1. Welche Farbe hat die Nase eines Boxers?
2. Welche Tiere haben seine Vorfahren gejagt?
3. In welchem Land wird er vorwiegend gezüchtet?

Informationen durch Fragen 2B

Frage-Antwort-Spiel (Partner B)

Der Appenzeller Sennenhund

Der Appenzeller Sennenhund ist ein Hund schweizerischen Ursprungs. Seine Nase ist schwarz. Seine Ohren sind ziemlich klein, dreieckig, herabhängend und anliegend. Er wird bis zu 60 cm groß und wiegt dann etwa 20 kg.

1. Wie viel wiegt der ausgewachsene Sennenhund?
2. In welchem Land hat er seinen Ursprung?
3. Beschreibe seine Ohren.

Informationen durch Fragen 3

Partnerinterview – Kennenlernspiel

Das brauchst du:
- Block
- Stift
- Partner

So arbeitest du:
1. Du willst einen Mitschüler näher kennenlernen. Überlege dir dazu passende Fragen.
2. Stelle deinem Mitschüler die Fragen und schreibe die Antworten kurz auf.
3. Stelle deinen Mitschüler anschließend der Klasse vor.

Informationen durch Fragen 3

Partnerinterview – Kennenlernspiel

Diese Fragen kannst du stellen:

1. Wie heißt du?
2. Wo wohnst du?
3. Wie alt bist du?
4. Wie groß bist du?
5. Hast du Geschwister?
6. Was sind deine Hobbys?
7. Welches Fach in der Schule magst du am liebsten/ überhaupt nicht?
8. Was ist dein Lieblingsgericht?
9. Was ist dein Lieblingstier?

Überlege weitere Fragen.

Informationen durch Fragen 4

Umfragen

Das braucht ihr:
- Block
- Stift

So arbeitet ihr:
1. Wählt ein Thema aus, zu dem ihr eine Umfrage machen wollt. Ihr könnt euch auch selbst ein Thema überlegen.
2. Befragt dann mindestens 10 Kinder. Zum Beispiel „Findet ihr, dass Fußball in oder out ist?“
3. Erstellt eine Strichliste auf dem Notizblock.
   JA: III ...
   NEIN: II ...
4. Wertet eure Ergebnisse aus: Zählt die Striche und schreibt das Ergebnis auf ein Plakat.

Informationen durch Fragen 4

Pizza

Fußball

Tokio Hotel

Jeans

Gelb

Lesen

Informationen durch Fragen 5

Expertenbefragung – Sinnvolle Fragen

Das braucht ihr:
- Block
- Stift

So arbeitet ihr:
1. Legt diese Karte vor euch hin und lest sie durch.
2. Ordnet die Kärtchen nach sinnvollen und unsinnigen Fragen. Schreibt eine Liste mit zwei Spalten.
3. Überlegt euch selbst noch weitere sinnvolle und unsinnige Fragen.
4. Schreibt sie in die Liste.

sinnvolle Fragen	unsinnige Fragen

Informationen durch Fragen 5

Wie alt sind Sie?	Wie lange arbeiten Sie schon als Förster?	Wie viele Baumarten gibt es hier im Wald?
Welche Tiere leben hier im Wald?	Was frisst ein Wildschwein?	Wie heißt Ihre Frau?
Wie groß ist der Wald?	Was ist Ihr Lieblingsessen?	Gibt es einen Kuckuck im Wald?

Informationen aus dem Internet 1

Die Teile des Computers

Das brauchst du:
- Computer
- Stift

So arbeitest du:
1. Betrachte den Computer genau.
2. Fülle die Lücken auf der Karte.

Tipp: Setze ein: Tastatur, Bildschirm, Rechner, Maus

Informationen aus dem Internet 1

Das ist der ____________________.
Nur wenn er angeschaltet ist,
kannst du ein Bild sehen.

Das ist der eigentliche
Computer. Man nennt
ihn ____________________,
weil er so viele Aufgaben
berechnet.

Das ist die
____________________.
Damit kannst du im Computer
Buchstaben und Zahlen
schreiben.

Dieses Computerteil
heißt ____________________.
Keine Angst, sie lebt nicht
wirklich, sie heißt nur so.

Informationen aus dem Internet 2

So funktioniert der Computer

Das brauchst du:
- Computer

So arbeitest du:
1. Lies die Rückseite dieser Karte.
2. Starte den Computer nach Anweisung.
3. Fahre den Computer nach Anweisung wieder herunter.

Tipp: Überprüfe, ob alle Kabel eingesteckt sind.

Informationen aus dem Internet 2

So funktioniert der Computer

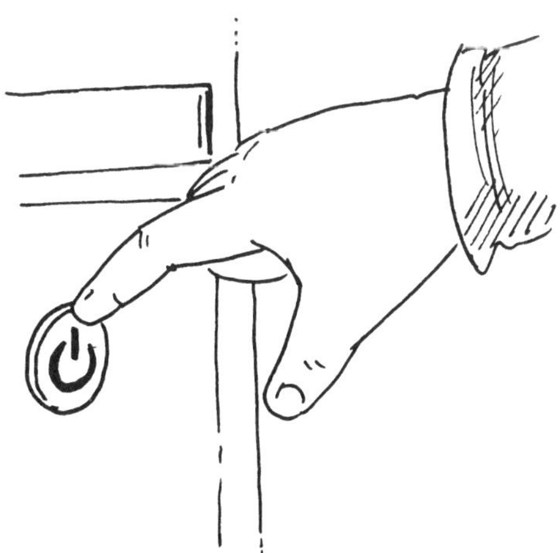

So starte ich den Computer:
1. Stromkabel des Bildschirms und des Rechners einstecken.
2. Startknopf des Rechners drücken.
3. Bildschirm einschalten.

So fahre ich den Computer herunter:
1. Mit der Maus links unten „Start" anklicken.
2. Schaltfläche „Ausschalten" anklicken.
3. Fenster öffnet sich, roten Button „Ausschalten" noch einmal anklicken.
4. Bildschirm und Rechner ausschalten.

Informationen aus dem Internet 3

Das Internet

Das brauchst du:

- Arbeitsblatt „Lesetext und Quiz: Das Internet“
- Computer mit Internetanschluss
- (Zauber-)Stift

So arbeitest du:

1. Lies den Informationstext auf dem Arbeitsblatt.
2. Markiere wichtige Informationen mit dem Zauberstift.
3. Starte den Computer.
4. Wähle dich über den Internet Explorer ins Internet ein.
5. Unter der folgenden Adresse findest du weitere Informationen zum Thema: www.kidsville.de/internaut/01interneteinleitung.htm
6. Bearbeite das Quiz.

Wichtig: Bevor du dich ins Internet einwählst, lies zunächst die Internetregeln!

→ Arbeitsblatt 2 und Informationskarte 11

Informationen aus dem Internet 3

Internetregeln

1. Ich gehe über den Internet Explorer ins Internet.
2. Die Startseite ist unsere Schulhomepage.
3. Ich benutze nur die ausgesuchten Seiten.
4. Ich lade keine Programme vom Internet herunter.
5. Ich spiele keine Online-Spiele.
6. „Schlechte“ Seiten klicke ich sofort weg!
7. Ich tippe nie persönliche Informationen ein.
8. Ich darf nichts bestellen!

Informationen aus dem Internet 4

Die Suchmaschine

Das brauchst du:
- Computer mit Internetanschluss
- blauer und gelber Stift

So arbeitest du:
1. Starte den Computer.
2. Wähle dich ins Internet ein.
3. Gib in der Adresszeile www.blinde-kuh.de ein.
4. Bearbeite jetzt mithilfe des Computers diese Karte.

Informationen aus dem Internet 4

Die Suchmaschine

Suchmaschinen helfen dir, im Internet schnell die gewünschten Informationen zu finden. Eine für Kinder erstellte Suchmaschine ist die „Blinde Kuh".
Die Adresse lautet: www.blinde-kuh.de

1. Umkreise die Adresszeile blau.
2. Damit die „Blinde Kuh" weiß, wonach sie suchen muss, gibst du in das Suchfenster einen Suchbegriff ein. Umkreise dieses gelb.
3. Die Suchmaschine findet meist mehrere Seiten zu deinem Suchbegriff. Diese nennt man „Links".
4. Du kannst nun einen Link mit der Maus anklicken und die Seite öffnet sich.

Informationen aus dem Internet 5

Internet-Glossar

Das braucht ihr:
- Computer mit Internetanschluss
- Stift

So arbeitet ihr:
1. Startet den Computer.
2. Wählt euch in das Internet ein.
3. Bearbeitet den Testbogen.
4. Die Suchmaschine www.blinde-kuh.de hilft euch.

Tipp: Viele Fragen könnt ihr auch gleich beantworten.

Informationen aus dem Internet 5

Internet-Glossar: Testbogen

1. Was bedeutet E-Mail?
❍ Brief ❍ Postkarte ❍ elektronische Post

2. Was bedeutet Chat?
❍ Plauderei im Internet ❍ Musik hören

3. Was bedeutet „Download“
❍ Daten vom Netz herunterladen ❍ Seite im Internet aufrufen

4. Was bedeutet „surfen“ im Netz?
❍ Wellenreiten ❍ verschiedene Seiten im Internet aufrufen

5. Was ist ein Link?
❍ Hinweis auf eine weitere Seite zum Thema ❍ Werbefläche

6. Wann bist du „online“?
❍ … wenn der Computer gestartet ist.
❍ … wenn der Rechner mit dem Internet verbunden ist.

7. Was ist eine Suchmaschine?
❍ Eine Suchmaschine sucht meine Schulsachen.
❍ Eine Suchmaschine sucht zum eingegebenen Suchbegriff Informationen im Netz.

Informationen aus dem Internet 6

Jetzt wird gesurft!

Das brauchst du:
- Computer mit Internetanschluss
- Block
- Stift
- Partner

So arbeitest du:
1. Starte den Computer und wähle dich in das Internet ein.
2. Gib die Adressen auf dieser Karte nacheinander ein.
3. Besprich folgende Punkte mit deinem Partner:
   - Welche Seiten sind Informationsseiten und welche Suchmaschinen?
   - Welche Informationen findest du auf den einzelnen Seiten?

→ „Informationen aus dem Internet", Karte 3

Informationen aus dem Internet 6

Jetzt wird gesurft!

www.helles-koepfchen.de
www.milkmoon.de
www.kidstation.de
www.blinde-kuh.de
www.zzzebra.de
www.kidsnet.de

www.wasistwas.de
www.hanisauland.de
www.tk-logo.de
www.sowieso.de
www.kindernetz.de
www.kinderpolitik.de

www.geolino.de
www.wolf-kinderclub.de
www.kidsville.de
www.kindergaudi.de
www.kindersache.de

Tipp: Notiere dir einige wichtige Adressen auf einem kleinen Zettel und stecke ihn in dein Federmäppchen.

Informationen aus dem Internet 7

E-Mail

Das brauchst du:
- Computer mit Internetanschluss
- Partner

So arbeitest du:
1. Starte den Computer.
2. Wähle dich ins Internet ein.
3. Finde mithilfe der Suchmaschine www.blinde-kuh.de heraus, was E-Mail bedeutet.
4. Besprich mit deinem Partner die einzelnen Schritte zum Schreiben einer E-Mail.

Tipp: Wenn du schon eine E-Mail-Adresse hast, kannst du eine Nachricht an deine Schule schreiben.

Informationen aus dem Internet 7

E-Mail

E-Mail bedeutet übersetzt elektronische Post. Wenn du eine E-Mail abschickst, wird deine Nachricht blitzschnell durch das Kabel und weiter über Satelliten zum Empfänger transportiert.

So kannst du eine E-Mail schreiben:

1. Du brauchst eine E-Mail-Adresse. Bitte deine Eltern, dir eine einzurichten.
2. Über diese Adresse kannst du dann E-Mails versenden und empfangen.
3. Die Seite sieht so ähnlich aus wie auf dem Bild rechts.

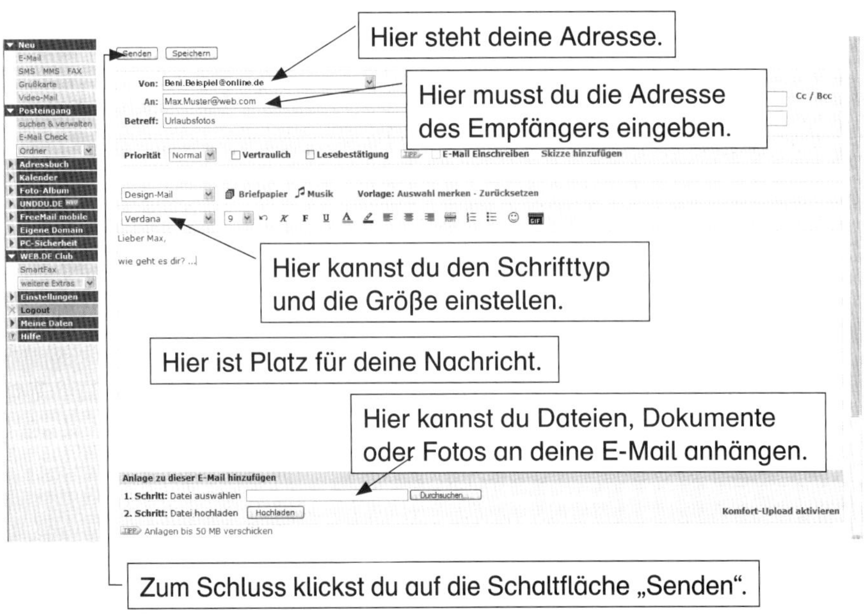

Informationen aus dem Internet 8

Bildsuche im Internet

Das brauchst du:
- Rückseite dieser Karte
- Computer mit Internetanschluss

So arbeitest du:
1. Starte den Computer.
2. Wähle dich ins Internet ein.
3. Gib die Adresse folgender Suchmaschine ein: www.google.de
4. Suche nach Bildern zum Thema „Meerestiere“.
5. Klicke mit der rechten Maustaste auf das Bild.
6. Markiere die Schaltfläche „Bild drucken“.
7. Jetzt kannst du das Bild ausdrucken.

Informationen aus dem Internet 8

Bildsuche im Internet

Mit Bildsuchmaschinen kannst du ganz einfach Bilder zu einem Thema finden.

Du erhältst eine Übersicht von Bildern zu diesem Thema. Klickst du mit der rechten Maustaste auf ein Bild, kannst du es ausdrucken, klickst du mit der linken Maustaste darauf, wirst du auf die Internetseite weitergeleitet, auf der das Bild verwendet wurde. So kannst du vielleicht noch mehr Bilder finden oder genauere Informationen zum Thema erhalten.

Informationen aus dem Internet 9

Online-Führerschein

Das brauchst du:
- Arbeitsblatt „Online-Führerschein – Fragebogen“
- Computer mit Internetanschluss

So arbeitest du:
1. Bearbeite das Arbeitsblatt.
2. Gib es bei deinem Lehrer ab.

Tipp: Wenn du etwas nicht weißt, schau im Internet nach.

→ Arbeitsblatt 3

Die Kopiervorlagen für den Fragebogen (KV 3) und für die Online-Führerscheine (KV 4) finden Sie auf S. 76 f.

Vorübungen zum Präsentieren 1

Körperhaltung

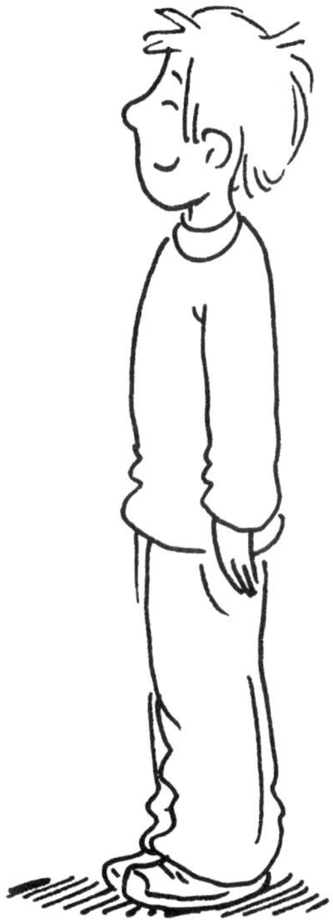

Wenn du vor der Klasse stehst, sind alle Augen auf dich gerichtet.
Deine Körperhaltung ist somit sehr wichtig.

Das brauchst du:
- Spiegel

So arbeitest du:
- Stell dich vor den Spiegel.
- Stell dich gerade hin: Schultern zurück, Kinn nach oben, Füße leicht geöffnet.
- Wenn du eine gute Körperhaltung gefunden hast, zeige sie einem anderen Kind.

Vorübungen zum Präsentieren 2

Gesichtsausdruck (Mimik)

Wenn du einen Vortrag hältst, beobachten dich deine Zuhörer genau.
Deshalb ist auch deine Mimik sehr wichtig.

Das brauchst du:
- Taschenspiegel

So arbeitest du:
- Betrachte dein Gesicht im Spiegel.
- Probiere verschiedene Gesichtsausdrücke aus.
- Wie verändert sich dein Gesicht, wenn du lustig, sauer, fröhlich oder ängstlich bist?
- Überlege: Welche Mimik passt am besten, wenn du vor der Klasse stehst?

Vorübungen zum Präsentieren 3

Gesicht und Gefühle

Der Gesichtsausdruck zeigt die Gefühle von Personen. Ihr könnt mit unterschiedlichen Gesichtsausdrücken eine Präsentation unterstützen, indem ihr an einigen Stellen eine passende Mimik wählt.

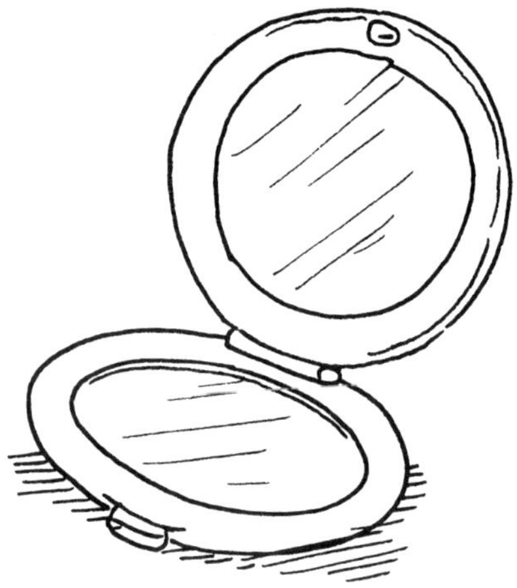

Das braucht ihr:
- Rückseite dieser Karte
- Taschenspiegel

So arbeitet ihr:
- Beschreibt die Gesichter auf der Karte.
- Ordnet den Gesichtern Gefühle zu.
- Macht einige davon vor dem Spiegel nach.

Vorübungen zum Präsentieren 3

Gesichter

Vorübungen zum Präsentieren 4

Hände (Gestik)

Wenn du einen Vortrag hältst, sind alle Augen auf dich gerichtet.
Was kannst du alles mit deinen Händen machen?

Das brauchst du:
- Spiegel

So arbeitest du:
- Stell dich vor den Spiegel.
- Probiere aus, was du alles mit deinen Händen machen kannst.
- Was passt zu einem lustigen Gedicht? Was passt zu einem Sachtext?

Vorübungen zum Präsentieren 5

Das Spiel mit dem Körper

Du kannst zur Unterstützung deines Vortrages deinen ganzen Körper einsetzen. Mit Gestik und Mimik kannst du so die Präsentation lebendig und spannend gestalten.

Das brauchst du:
- Rückseite dieser Karte

So arbeitest du:
- Lies den Text auf der Karte. In der rechten Spalte erhältst du Vorschläge für passende Bewegungen.
- Stell dich gerade und locker hin. Nimm die Karte in deine Hand und halte sie so, dass man dein Gesicht gut sehen kann.
- Lies den Text vor und führe dazu die Bewegungen aus.
- Übe so lange, bis du dich traust, den Text deinem Partner oder einer kleinen Gruppe vorzutragen.

Vorübungen zum Präsentieren 5

Das Spiel mit dem Körper

Liebe Freunde!	*freundlicher Blick zum Publikum*
Ich möchte euch von einem Pechtag erzählen.	*mit dem Kopf nicken und verschmitzt lächeln*
Als ich gestern in mein Baumhaus kletterte, bemerkte ich, dass die mittlere Sprosse der Leiter kaputt war.	*mit der Hand nach oben zeigen, erschrockener Blick*
Ehe ich mich versah, krachte es und ich fiel auf den Boden.	*schmerzhafter Gesichtsausdruck, Körperteile reiben*
So ein Mist! Jetzt musste ich die Leiter reparieren.	*mit der Hand auf den Oberschenkel klatschen*
Ich ging in den Schuppen und suchte nach einem Stück Holz, einem Hammer und ein paar Nägeln.	*Gehbewegung andeuten*
Weil ich nicht aufpasste, trat ich auf einen Rechen und der Stiel schleuderte mit voller Wucht gegen mein Knie.	*erschrockenes, dann schmerzhaftes Gesicht, Knie reiben*
Als ich die Sachen endlich gefunden hatte, begann ich mit der Arbeit. Fast fertig, traf ich mit dem Hammer anstelle des Nagels meinen rechten Daumen.	*erleichterter Gesichtsausdruck, tief durchatmen Bewegung andeuten, Daumen festhalten und pusten*
Es tat höllisch weh und ich ärgerte mich über mich selbst. So ein Pechtag!	*wütender Gesichtsausdruck*
Am liebsten wäre ich gleich wieder ins Bett gegangen!	*mit dem Fuß stampfen, wegdrehen*

Vorübungen zum Präsentieren 6

Sprechstimme

Wenn du vor der Klasse sprichst, ist es wichtig, dass du laut und deutlich sprichst.

Das brauchst du:
- Kassettenrekorder

So arbeitest du:
- Erzähle, was du gestern alles gemacht hast.
- Nimm alles auf Kassette auf.
- Höre es dir anschließend mit deinem Partner an.
- Besprecht, wie deine Stimme gewirkt hat.
  War sie laut genug?
  Hast du deutlich gesprochen?

Vorübungen zum Präsentieren 7

Das Spiel mit der Stimme

Kleine Tricks helfen dir, die Aufmerksamkeit der Zuhörer zu gewinnen. Dazu musst du deine Stimme gezielt einsetzen.

Das brauchst du:
- Rückseite der Karte
- Stift

So arbeitest du:
- Lies den Satz immer wieder anders – so, wie es in der Tabelle auf der Karte steht.
- Kreuze an.
  Welche Sprechweise gefällt dir und welche nicht?

Vorübungen zum Präsentieren 7

Das Spiel mit der Stimme

1.	Lies in Flüstersprache.		
2.	Lies laut wie ein Riese.		
3.	Werde beim Lesen immer lauter.		
4.	Werde beim Lesen immer leiser.		
5.	Lies wie ein Gorilla.		
6.	Sprich jedes Tunwort (Verb) lauter aus.		
7.	Lies mit krächzender Hexenstimme.		
8.	Lies mit geheimnisvoller Zauberstimme.		
9.	Lies mit piepsiger Stimme.		
10.	Lies den Satz im Schneckentempo.		
11.	Lies den Satz ganz schnell.		
12.	Lies den Satz so, wie er am besten zu dir passt.		

Vorübungen zum Präsentieren 8

Blickkontakt

Wenn du vor der Klasse sprichst, ist es wichtig, dass du die Zuhörer anschaust.

Das braucht ihr:
- Materialkarten 2A und B „Informationen durch Fragen“

So arbeitet ihr:
- Stellt euch gegenüber auf.
- Einer liest einen Text der Materialkarten 2A und B vor.
- Der andere ist das Spiegelbild des Vortragenden und macht alle Bewegungen nach.
- Wechselt euch nach einiger Zeit ab.

Vorübungen zum Präsentieren 9

Lachgefahr

Wenn du vor der Klasse sprichst, ist es wichtig, dass du die Zuhörer anschaust und dabei ernst bleibst.

Das braucht ihr:
- Materialkarten 2A und B „Informationen durch Fragen“

So arbeitet ihr:
- Stellt euch gegenüber auf.
- Einer versucht den anderen mit lustigen Grimassen zum Lachen zu bringen. Wer hält es länger aus, nicht zu lachen?
- Dann liest einer von euch einen Text der Materialkarten vor.
- Der andere versucht den Vortragenden zum Lachen zu bringen.
- Wechselt euch nach einiger Zeit ab.
- Versucht, den Text ohne Unterbrechung vorzutragen.

Präsentation von Informationen 1

Informationen in einem Bild darstellen

Das braucht ihr:
- 1 großes Blatt Papier
- Buntstifte

So arbeitet ihr:
1. Überlegt, was ihr zum Thema Meerestiere schon wisst. Ihr könnt eure Ideen auch im Brainstorming aufschreiben. → „Das weiß ich schon“, Karte 2
2. Sucht in der Klassenbücherei und im Internet nach Informationen zum Thema.
3. Gestaltet ein Bild, auf dem ihr alle Informationen, die ihr herausgefunden habt, zeichnerisch darstellt.
4. Ihr könnt eine große Zeichnung machen oder mehrere kleine Zeichnungen zu einem großen Bild zusammenfügen.

Tipp: Ihr könnt auch im Internet nach Bildern suchen. Wie das funktioniert, erfährst du auf Karte 8 „Informationen aus dem Internet“.

Präsentation von Informationen 2

Einen Steckbrief verfassen

Das brauchst du:
- Arbeitsblatt: Steckbrief
- Informationskarte 4
- Tierbücher, Bestimmungsbücher
- Blatt Papier
- Stift

So arbeitest du:
1. Lies die Informationskarte 4 „Steckbrief“.
2. Suche dir ein Tier aus, über das du einen Steckbrief erstellen möchtest.
3. Du findest Informationen in der Bücherei und im Internet.
4. Erstelle einen Steckbrief.

Tipp: Du kannst auch noch ein Bild dazu malen.

→ Arbeitsblatt 5

Präsentation von Informationen 3

Ein Rätsel stellen

Das braucht ihr:
- Arbeitsblatt Pferderassen
- Arbeitsblatt mit den Rätsel-/Quizkarten
- Stift

So arbeitet ihr:
1. Lest den Text leise.
2. Markiert wichtige Informationen.
3. Denkt euch Fragen zum Text aus. Verwendet verschiedene Fragewörter:
   Wer? Was? Wo? Warum? Wie? Welcher? Wann?
4. Schreibt die Fragen und die dazugehörigen Antworten auf die Kärtchen.
5. Führt mit den Kärtchen ein Quiz durch. Wenn ihr die Fragen und Antworten auf verschiedene Kärtchen schreibt, könnt ihr damit auch ein Memory spielen.

Tipp: Schlagt unbekannte Wörter im Lexikon nach.

→ Arbeitsblätter 6 und 7

Präsentation von Informationen 4

Leporellos anfertigen

Das brauchst du:
- Papierstreifen
- Schere
- Klebstoff
- Buntstifte

So arbeitest du:
1. Falte aus dem Papierstreifen ein Leporello.
   Falte es wie einen Fächer.
2. Gestalte ein Leporello über dich.
   Du darfst malen, schreiben und kleben.
   1. Seite: selbst gemaltes Bild oder Foto von dir, dein Name
   2. Seite: deine Hobbys
   3. Seite: dein Lieblingsessen …
3. Stelle dein fertiges Leporello im Schaukasten aus.

Tipp: Du darfst so viele Seiten gestalten, wie du möchtest.

→ Informationskarte 8

Präsentation von Informationen 5

Eine Gliederung zum Vortrag erstellen

Das brauchst du:
- Block
- Stift

So arbeitest du:
1. Stelle der Klasse dein Lieblingsbuch vor. Welche Punkte sind dir dabei wichtig?
2. Erstelle eine mögliche Gliederung.

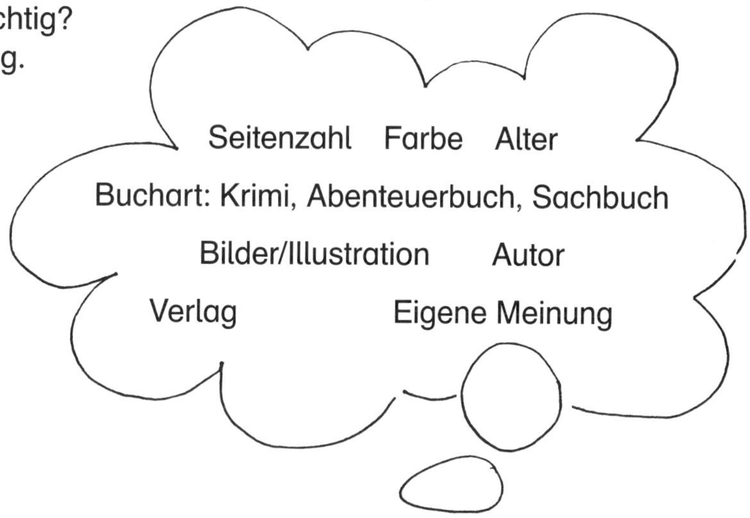

1. Autor: Paul Maar
2. …
3. …
4. …

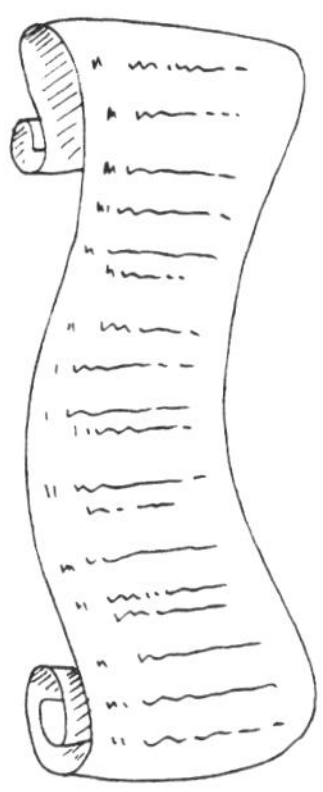

Präsentation von Informationen 6

Tipps für deinen Vortrag

Das brauchst du:
- Arbeitsblatt „Nützliche Tipps für deinen Vortrag"
- Schere
- Block
- Stift
- Partner

So arbeitest du:
1. Schneide die 11 Tipps auf dem Arbeitsblatt aus.
2. Lies dir die Tipps durch.
3. Sie sind etwas durcheinandergeraten. Lege sie in eine mögliche Reihenfolge.
4. Vergleiche mit einem Partner.

Tipp: Schreibe einige Tipps, die du bei deinem nächsten Vortrag berücksichtigen möchtest, auf einen kleinen Zettel und stecke ihn in dein Federmäppchen.

→ Arbeitsblatt 8

Präsentation von Informationen 7

Ein Lernplakat gestalten

Das braucht ihr:
- Rückseite dieser Karte:
  Tipps zur Gestaltung eines Lernplakats
- Informationskarte 3 „Lernplakat“
- 1 großes Blatt Papier
- dicke Filzstifte
- Schere
- Klebstoff

So arbeitet ihr:
1. Erstellt zusammen ein Lernplakat zum Thema „Delfine“.
2. Lest zuerst die Informationskarte 3 „Lernplakat“.
3. Sucht dann im Internet Material und Bilder zum Thema. Druckt einige Seiten, die ihr besonders wichtig findet, aus. Karte 6 „Informationen aus dem Internet“ hilft euch.
4. Lest die Tipps zur Gestaltung eines Lernplakats.
5. Gestaltet dann zusammen ein Lernplakat.

Tipp: Ihr könnt zusätzliche Informationen aus der Bücherei verwenden.

→ Informationskarte 3

Präsentation von Informationen 7

Tipps zur Gestaltung eines Lernplakats

1. Sammeln:
Sammelt Informationen, Bilder und Fotos zum Thema (Klassenbücherei, Internet ...).

2. Auswählen:
Überlegt euch Überschriften, die euer Thema gliedern.
Schreibt sie auf einen Notizzettel auf.
Wählt die passenden Texte und Bilder aus.

3. Ordnen:
Ordnet nun alles auf dem Lernplakat an.
Achtet darauf, dass
- das Plakat übersichtlich ist.
- die Schrift auch von Weitem deutlich lesbar ist.
- die Gestaltung ansprechend ist.

4. Gestalten:
Gestaltet das Plakat fertig.
- Schreibt alle Überschriften und Texte sorgfältig auf.
- Klebt die Bilder auf.
- Hebt wichtige Begriffe farblich hervor.

Präsentation von Informationen 8

Einen Artikel schreiben

Das brauchst du:
- Block
- Stift

So arbeitest du:
1. Du bist ein Reporter und sollst einen Artikel über deine Schule schreiben.
2. Überlege zuerst, was du alles schreiben möchtest.
3. Erstelle dazu Stichpunkte.
4. Schreibe dann mithilfe der Stichpunkte einen Artikel über deine Schule.

Tipp: Die Schreibtipps auf der Rückseite der Karte helfen dir.

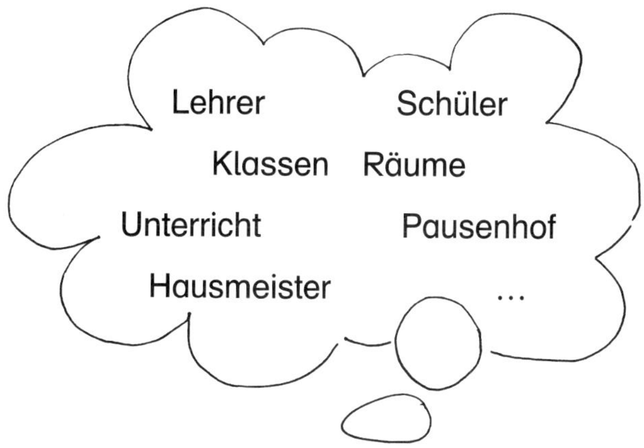

Präsentation von Informationen 8

Schreibtipps für einen Artikel

1. Überlege dir eine mitreißende Überschrift.
2. Schreibe in der Ich- oder in der Man-Form.
3. Verwende treffende Ausdrücke und wechsle deine Satzanfänge.
4. Berichte sachlich.
5. Schreibe am Ende noch deine eigene Meinung.

   Achte darauf, dass deine Meinung als solche gut erkennbar ist. Du beginnst am besten einen neuen Absatz und verwendest bestimmte Formulierungen:
   Meiner Meinung nach ...; Ich denke, dass ...; Ich finde ...

Präsentation von Informationen 9

Ein Säulendiagramm zeichnen

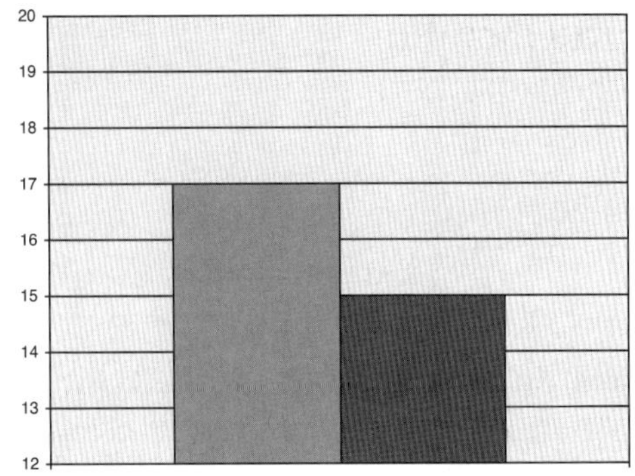

Das brauchst du:
- kariertes Blatt Papier DIN A4
- Lineal, Bleistift

So arbeitest du:
1. Lies die Informationskarte 5 „Säulendiagramm".
2. Lies den Text auf der Karte und zeichne ein Diagramm.
3. Eine Säule soll die Anzahl der Mädchen und eine Säule die Anzahl der Jungen darstellen.
4. Zuerst musst du eine waagrechte Achse und eine senkrechte Achse zeichnen.
5. Beschrifte das Diagramm.
6. Zeichne die Säulen je 1 cm breit ein.
7. Die Höhe richtet sich nach der Anzahl der Mädchen und Jungen (eine Person = 1 cm).

Tipp: Sind in der Klasse 17 Mädchen, so muss die Säule der Mädchen 17 cm hoch sein.

→ Informationskarte 5

Präsentation von Informationen 9

Ein Säulendiagramm zeichnen

Die Klasse 3c besuchen viele Mädchen, aber nur wenige Jungen. Lukas, Max, Fabian, Leon und Marc spielen in der Pause gerne Fußball. Emma und Sophie nutzen meistens die Zeit, um sich schöne Armbänder zu basteln, Julia, Amélie und Deniz macht vor allem Gummihüpfen Spaß. Tim und Florian haben meistens ihre Gameboys dabei, Jan liest am liebsten Comics und Felix ist gerne mit Hanna und Leni zusammen. Die drei spielen meistens selbst erfundene Geschichten am Klettergerüst nach. Marie, Rafaela, Leyla, Katharina und Anna spielen oft Fangen, Yasemin, Mel, Dani und Irina lieber Seilspringen. In den Osterferien wird Leon leider umziehen, dann sind es nur noch halb so viele Jungen wie Mädchen.

Zusatzaufgabe: Kannst du auch in einem Diagramm darstellen, wie viele Kinder welche Spiele machen?

Tipp: Zeichne nun ein Diagramm über deine Klasse.

→ Informationskarte 5

Präsentation von Informationen 10

Eine Mappe zusammenstellen

Das brauchst du:
- Themenkärtchen
- Schnellhefter
- Papier
- Stifte, Schere, Klebstoff

So arbeitest du:
1. Wähle ein Thema aus, das dich interessiert.
2. Gestalte zu diesem Thema eine Mappe:
   - Was weißt du alles zum Thema?
     Was möchtest du wissen?
   - Was soll alles in deine Mappe?
     Überlege dir ein Inhaltsverzeichnis.
   - Gestalte dann die einzelnen Seiten (schreiben, malen, kleben).
     Vergiss das passende Deckblatt nicht.
   - Hefte die fertigen Blätter in den Schnellhefter.

Tipp: Die Gestaltungstipps auf der Rückseite helfen dir.

→ Arbeitsblatt 9

Präsentation von Informationen 10

Tipps zur Gestaltung einer Mappe

1. **Brainstorming:** Notiere alles, was du schon zum Thema weißt, auf deinen Block.
2. **Recherche** (= Nachforschungen):
   Suche Informationen zum Thema in Büchern und im Internet. Du kannst auch Texte und Bilder aus dem Internet ausdrucken.
3. **Auswahl:** Sichte nun alle gefundenen Informationen und wähle aus. Du kannst bestimmt nicht alles für deine Mappe gebrauchen. Grenze dein Thema ein.
4. **Inhaltsverzeichnis:** Erstelle ein mögliches Inhaltsverzeichnis. Du kannst es später noch verändern.
5. **Gestaltung:** Erstelle die einzelnen Seiten.

Tipp: So könnte ein Inhaltsverzeichnis zum Thema „Hunde" aussehen:
1. Aussehen 2. Lebensraum 3. Rassen und Arten 4. Hundehaltung

Präsentation von Informationen 11

Mit Word umgehen

Das brauchst du:
- Computer
- Informationskarte 10 „Mit Word umgehen“
- Lesebuch

So arbeitest du:
1. Lies die Informationskarte 10 „Mit Word umgehen“.
2. Suche dir im Lesebuch ein kurzes Gedicht aus.
3. Starte den Computer und öffne das Programm „Word“.
4. Schreibe das Gedicht ab.
5. Gestalte den Text mithilfe der Funktionen des Programms:
   - Schrift verändern
   - unterstreichen
   - in die Mitte setzen …
6. Drucke das fertige Gedicht aus.

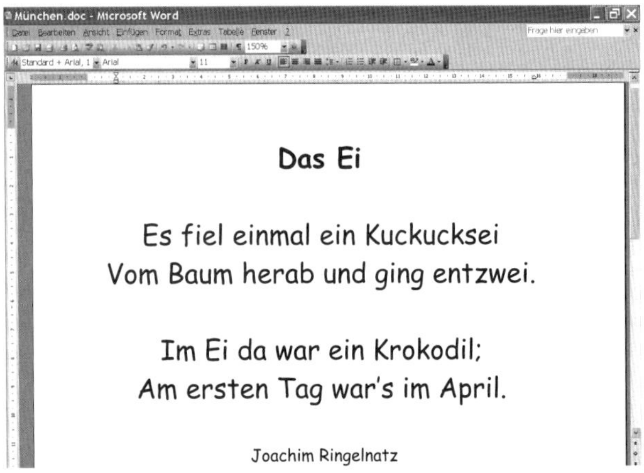

→ Informationskarte 10

Präsentation von Informationen 12

Eine PowerPoint-Präsentation erstellen

Das brauchst du:
- Informationskarte 12
- Computer

So arbeitest du:
1. Lies die Informationskarte 12 „PowerPoint“.
2. Erstelle eine PowerPoint-Präsentation über deine Schule.
3. Es sollten ungefähr vier Folien werden: Klassen, Lehrer, Schulgebäude, Pausenhof.
4. Besorge dir zuerst alle notwendigen Informationen (befragen, lesen …).
5. Starte den Computer und beginne mit der Arbeit.
6. Zeige die fertige Präsentation deiner Klasse.

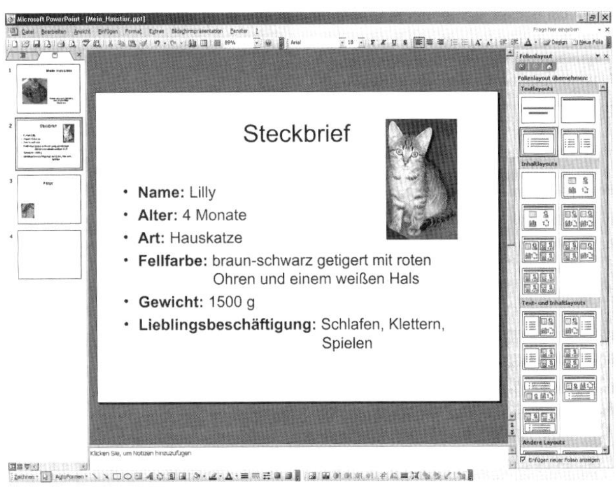

Tipp: Du kannst die Präsentation auch ausdrucken.

→ Informationskarte 12

Ich denke über meine Arbeit nach 1

Wie gut klappt die Partnerarbeit?

1. Wir haben uns gut verstanden.			
2. Wir wussten, was zu tun ist.			
3. Wir haben uns nicht ablenken lassen.			
4. Wir haben es in der vorgegebenen Zeit geschafft.			
5. Jeder hat gleich viel gearbeitet.			
6. Das hätten wir besser machen können:			

Ich denke über meine Arbeit nach 2

Wie gut klappt die Gruppenarbeit?

1. Alle haben mitgemacht.			
2. Jeder hatte eine Aufgabe.			
3. Wir haben es in der vorgegebenen Zeit geschafft.			
4. Wir haben uns nicht ablenken lassen.			
5. Wir haben keinen gestört.			
6. Wir haben etwas dazugelernt.			
7. Das hätten wir besser machen können:			

Ich denke über meine Arbeit nach 3

So beurteilt mich mein Partner

Thema des Vortrags: ____________________ Name: ____________________

Du hast das Thema verständlich und klar aufgebaut.			
Du hast Folien/Plakate/Bilder gestaltet oder mitgebracht.			
Du warst gut vorbereitet und hast die notwendigen Medien (z. B. Projektor) hergerichtet.			
Du weißt viel über das Thema.			
Du hast laut und deutlich gesprochen.			
Du hast frei gesprochen und zur Klasse geschaut.			
Du hast die Zuhörer einbezogen und dich bei ihnen für die Aufmerksamkeit bedankt.			

Den Vortrag hat ____________________ beurteilt.

Ich denke über meine Arbeit nach 4

So schätze ich mich selbst ein

Thema des Vortrags: ____________________ Name: ____________________

Ich habe das Thema verständlich und klar aufgebaut.			
Ich habe Folien/Plakate/Bilder gestaltet oder mitgebracht.			
Ich war gut vorbereitet und habe die notwendigen Medien (z. B. Projektor) hergerichtet.			
Ich weiß viel über das Thema.			
Ich habe laut und deutlich gesprochen.			
Ich habe frei gesprochen und zur Klasse geschaut.			
Ich habe die Zuhörer einbezogen und mich bei ihnen für die Aufmerksamkeit bedankt.			

Ich denke über meine Arbeit nach 5

Kassettenaufnahme

1. War ich gut hörbar? ❍ ja ❍ nein	
2. War meine Stimme abwechslungsreich? (laut, leise ...) ❍ ja ❍ nein	
3. Konnte ich flüssig sprechen? ❍ ja ❍ nein	
4. War ich aufgeregt oder nervös? ❍ ja ❍ nein	
5. Konnte man es an der Stimme hören? ❍ ja ❍ nein	

Ich denke über meine Arbeit nach 6

Videoaufnahme

1. War ich gut hörbar? ❍ ja ❍ nein	
2. War meine Stimme abwechslungsreich? (laut, leise ...) ❍ ja ❍ nein	
3. Konnte ich flüssig erzählen? ❍ ja ❍ nein	
4. War ich aufgeregt oder nervös? ❍ ja ❍ nein	
5. Konnte man es sehen? ❍ ja ❍ nein	
6. Setzte ich Mimik und Gestik ein? ❍ ja ❍ nein	

Arbeitsplan (1)

Name ______________________________

	Das weiß ich schon			
1	ABC-Liste			
2	Brainstorming			
3	Cluster			
4	Mindmap			
5	Infomarktplatz			
6	Diskussion			
7	Stilles Brainstorming			
	Wichtige Techniken			
1	Nach dem Alphabet sortieren			
2	Wörtersuche			
3	Wörter markieren			
4	Sätze markieren			
5/6	Textstellen gezielt markieren			
7	Der „rote Faden“			
8	Wörter am „roten Faden“			
9	Teilüberschriften finden			
10	Einen Stichwortzettel schreiben			
11	Stichwörter zu Sätzen notieren			
12/13	Stichwörter zu Texten notieren			
14	Der Lesedreisprung			
	Informationen aus Sachbüchern			
1	Begriffe im Lexikon suchen			
2	Eine Tabelle lesen			
3	Ein Schaubild lesen			
4	Im Inhaltsverzeichnis nachschlagen			
5	Einen Sachtext verstehen			
6	In einem Sachbuch nachschlagen			
7	Welches Sachbuch gibt mir die Information?			

Arbeitsplan (2)

	Informationen durch Fragen			
1	Eine Fragelandschaft erstellen			
2	Frage-Antwort-Spiel			
3	Partner-Interview – Kennenlernspiel			
4	Umfragen			
5	Expertenbefragung – Sinnvolle Fragen			
	Informationen aus dem Internet			
1	Die Teile des Computers			
2	So funktioniert der Computer			
3	Das Internet			
4	Die Suchmaschine			
5	Internet-Glossar			
6	Jetzt wird gesurft!			
7	E-Mail			
8	Bildsuche im Internet			
9	Online-Führerschein			
	Präsentation von Informationen			
1	Informationen in einem Bild darstellen			
2	Einen Steckbrief verfassen			
3	Ein Rätsel stellen			
4	Leporellos anfertigen			
5	Eine Gliederung zum Vortrag erstellen			
6	Tipps für deinen Vortrag			
7	Ein Lernplakat gestalten			
8	Einen Artikel schreiben			
9	Ein Säulendiagramm zeichnen			
10	Eine Mappe zusammenstellen			
11	Mit Word umgehen			
12	Eine PowerPoint-Präsentation erstellen			
	Ich denke über meine Arbeit nach			
1	Wie gut klappt die Partnerarbeit?			
2	Wie gut klappt die Gruppenarbeit?			
3	So beurteilt mich mein Partner (Vortrag)			
4	So schätze ich mich selbst ein (Vortrag)			
5	Kassettenaufnahme			
6	Videoaufnahme			

ABC-Liste

1

Name: ______________________________

A	
B	
C	
D	
E	
F	
G	
H	
I	
J	
K	
L	
M	
N	
O	
P	
Q	
R	
S	
T	
U	
V	
W	
X	
Y	
Z	

→ „Das weiß ich schon“, Karte 1

Lesetext und Quiz: Das Internet | 2

Das Internet

Die Grundidee des Internets stammt aus den USA. Die Amerikaner suchten nach einer Möglichkeit, miteinander zu sprechen, auch wenn das Telefonnetz einmal ausfällt. So entstand die Idee, Computer miteinander zu verbinden, um Daten auszutauschen. In den USA wurden zu Beginn nur vier Computer in verschiedenen amerikanischen Städten miteinander verbunden. Dieses kleine „Netz" wuchs mit rasender Geschwindigkeit. Immer mehr Computer kamen hinzu.
Heute sind ca. 50 Millionen Menschen online, das heißt, diese Personen nutzen regelmäßig das Internet. Theoretisch könntest du mit all diesen Menschen in Kontakt treten. Das Internet wird auch „world wide web" genannt. Das bedeutet übersetzt „weltweites Netz" und wird durch www abgekürzt. Jedes Land hat eine bestimmte Abkürzung, die am Ende der Adressen der jeweiligen Internetseiten steht. Deutsche Seiten haben die Abkürzung „de" am Ende.

Quiz

1. Woher stammt die Idee des Internets?

❍ USA ❍ Deutschland ❍ UdSSR

2. Was bedeutet www?

❍ welt wird wach ❍ world wide web

3. Was bedeutet Internet?

❍ Computer stehen nebeneinander.

❍ Computer sind durch ein „Netz" miteinander verbunden.

4. Welche Abkürzung hat eine deutsche Seite am Ende der Adresse?

❍ at ❍ com ❍ de

5. Wie nennt man Briefe, die über das Internet verschickt werden?

❍ E-Mail ❍ SMS

→ „Informationen aus dem Internet", Karte 3

Online-Führerschein – Fragebogen | 3

Name: ______________________________

1. Was bedeutet www?

____

2. Welche Abkürzung haben deutsche Internetseiten am Ende der Adresse? __________

3. Ordne die Begriffe der jeweils richtigen Erklärung zu.

1	Surfen	**A**	Dateien aus dem Internet auf den eigenen Rechner laden
2	Hardware	**B**	Internetseiten anschauen
3	Homepage	**C**	Geräte und Bauteile eines Computers
4	Downloaden	**D**	Startseite eines Anbieters

4. Welche Suchmaschine sucht besonders für Kinder Informationen im Netz?

____

5. Was bedeutet E-Mail?

____

6. Welche Internetseiten sind Suchmaschinen? Kreuze an.

❍ www.zzzebra.de
❍ www.helles-koepfchen.de
❍ www.blinde-kuh.de
❍ www.kidsnet.de
❍ www.zdf.de
❍ www.google.de

7. Welche Tiere sind hier gemeint? Finde die deutsche Bezeichnung mithilfe der „Blinden Kuh" heraus.

Avicularidae: ______________________________

Bufo viridis: ______________________________

Passer domesticus: ______________________________

→ „Informationen aus dem Internet", Karte 9

Online-
Führerschein
von

___

Online-
Führerschein
von

___

Online-
Führerschein
von

___

Online-
Führerschein
von

___

Online-
Führerschein
von

___

Online-
Führerschein
von

___

Online-
Führerschein
von

___

Online-
Führerschein
von

___

Online-
Führerschein
von

___

Online-
Führerschein
von

___

Steckbrief

5

Name des Tieres:

(Foto oder Bild)

Lebensraum:

Größe:

Gewicht:

Aussehen:

Nahrung:

Feinde:

Lebensalter:

Besonderheiten:

→ „Präsentation von Informationen", Karte 2

Pferderassen 6

Es gibt unzählig viele verschiedene Pferderassen. Um sie alle zu beschreiben, müsste man ein ganzes Buch verfassen. Im Wesentlichen unterscheidet man vier Pferdetypen:

Das Pony

Das Pony gehört zu den Kleinpferden, weil es ein Stockmaß von bis zu 148 cm hat, und wirkt sehr robust. Deshalb sieht es dem Urpferd noch sehr ähnlich. Ursprünglich dienten Ponys als reine Arbeitstiere, die Schwerstlasten zogen oder schleppten. Denn Ponys können das Doppelte ihres Gewichts tragen. Sie können also durchaus von einem Erwachsenen geritten werden. Heute sind sie aber besonders bei Kindern als Reitpferde beliebt.

Das Kaltblut

Das Kaltblut ist ein ruhiges und überaus starkes Arbeitstier. Je nach Rasse kann ein Kaltblut ein Stockmaß von 195 cm und ein Gewicht von bis zu 1.000 kg erreichen. Kaltblüter wurden besonders in der Landwirtschaft, als Brauerei- oder Kohlewagenpferde eingesetzt. Auch heute noch helfen sie den Waldarbeitern als Zugtiere beim Verrücken von Baumstämmen in Waldgebieten, die für Maschinen und Fahrzeuge unzugänglich sind.

Das Warmblut

Das Warmblutpferd ist ein ideales Sport- und Freizeittier. Es hat ein Stockmaß von bis zu 170 cm und ein Gewicht von 400 kg bis 600 kg. Warmblüter eignen sich sehr gut für die verschiedenen Reitsportarten, wie Springen, Dressur oder Geländereiten. Deshalb werden bestimmte Rassen für den Hochleistungssport gezüchtet. Aber auch als Familienreitpferd ist das Warmblut durch sein ausgeglichenes und ruhiges Wesen sehr beliebt.

Das Vollblut

Das Vollblut ist ein sehr temperamentvolles und schnelles Pferd. Seine Vorfahren stammen aus der arabischen Wüste. In der Züchtung unterscheidet man das englische und das arabische Vollblut. Das englische Vollblut ist mit einem Stockmaß von bis zu 173 cm größer als das arabische, das bis zu 155 cm groß werden kann. Beide Rassen sind feingliedrig und haben wunderschöne Köpfe. Durch ihr feuriges Temperament und ihre Schnelligkeit eignen sie sich sehr gut für den Rennsport.

→ „Präsentation von Informationen“, Karte 3

Rätsel-/Quizkarten

Frage: ______________________ ______________________ Antwort: ______________________ ______________________	Frage: ______________________ ______________________ Antwort: ______________________ ______________________
Frage: ______________________ ______________________ Antwort: ______________________ ______________________	Frage: ______________________ ______________________ Antwort: ______________________ ______________________
Frage: ______________________ ______________________ Antwort: ______________________ ______________________	Frage: ______________________ ______________________ Antwort: ______________________ ______________________
Frage: ______________________ ______________________ Antwort: ______________________ ______________________	Frage: ______________________ ______________________ Antwort: ______________________ ______________________
Frage: ______________________ ______________________ Antwort: ______________________ ______________________	Frage: ______________________ ______________________ Antwort: ______________________ ______________________
Frage: ______________________ ______________________ Antwort: ______________________ ______________________	Frage: ______________________ ______________________ Antwort: ______________________ ______________________

→ „Präsentation von Informationen“, Karte 3

Nützliche Tipps für deinen Vortrag **8**

Plane deinen Vortrag und schreibe dir Redehilfen und Stichpunkte auf.
1

Lies dir deinen Stichpunktzettel noch einmal durch.
2

Dein Vortrag sollte nicht länger als 10–15 Minuten dauern.
3

Am Ende solltest du den Zuhörern die Möglichkeit geben, Fragen zu stellen.
4

Sprich frei und lies nicht ab.

5

Sage deinen Zuhörern zuerst ein Thema und deine Gliederung.
6

Schaue deine Zuhörer zwischendurch immer wieder an.
7

Sprich langsam, laut und deutlich.
8

Stelle dich so hin, dass dich alle Zuhörer gut sehen können.
9

Lege alle Dinge, die du für den Vortrag brauchst, bereit und trink noch einmal einen Schluck Wasser, bevor es losgeht.
10

Wenn du Bilder, Tabellen oder Fotos hast, zeige mit der Hand immer auf das passende Bild.
11

→ „Präsentation von Informationen", Karte 6

Themenkärtchen 9

Fußball

Basketball

Hunde

Katzen

Meeres-
tiere

Wetter

Reptilien

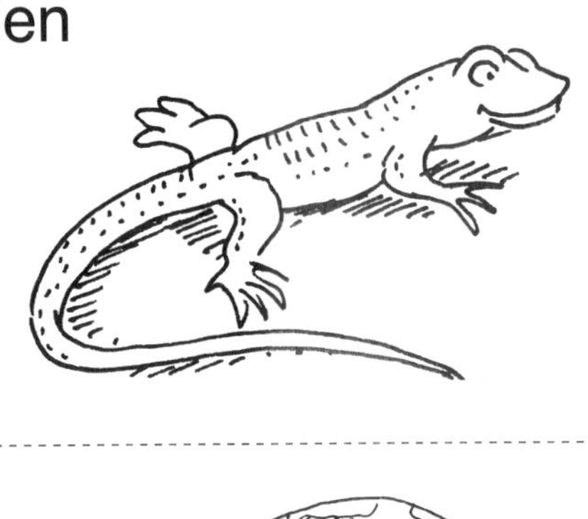

Planeten

Erde

Wüste

→ „Präsentation von Informationen“, Karte 10

Bildkarten

10

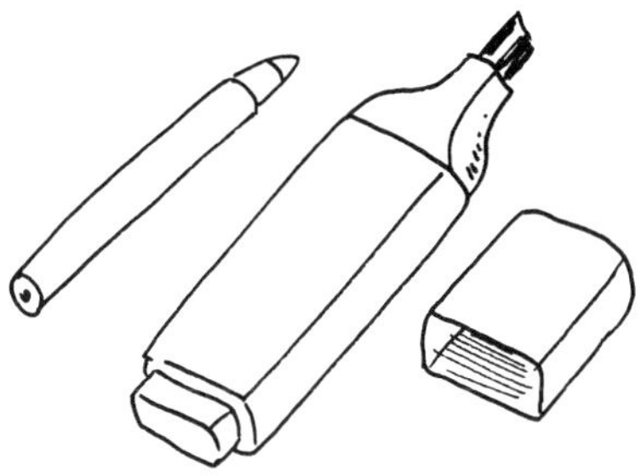

Bildkarten Sprechblasen (1) – Tipps für den Vortrag 11

Informiere dich rechtzeitig mit unterschiedlichen Medien (Internet, Bücher ...).

Erstelle einen Stichpunktzettel.

Gliedere deinen Vortrag.

Gestalte Material, das deine Präsentation unterstützt (Lernplakat, Folie ...).

Lege alle Materialien, die du für den Vortrag brauchst, bereit.

Lies dir deinen Stichpunktzettel noch einmal durch.

Trink noch einmal einen Schluck Wasser, bevor es losgeht.

Sage den Zuhörern dein Thema und deine Gliederung.

Schau die Zuhörer an!

Sprich laut und deutlich.

Bildkarten Sprechblasen (2) – Tipps für den Vortrag 12

Sprich frei, lies nicht ab.

Sprich langsam und achte auf Sprechpausen.

Sprich in ganzen Sätzen.

Verweise auf dein Material.

Bleibe beim Thema.

Verwende Fachbegriffe.

Achte auf Gestik und Mimik.

Achte auf eine lockere Körperhaltung.

Warte auf Rückmeldung durch die Zuhörer.

Gib den Zuhörern die Möglichkeit, Fragen zu stellen.

Checkliste zur Bewertung 13

Name: Klasse: Datum:

Thema des Vortrags:			
Vorbereitung/Informationsgewinn			
Gestaltung des Stichpunktzettels			
Aufbau des Vortrags/Gliederung			
Unterstützendes Material/Medieneinsatz			
Spricht laut und deutlich.			
Spricht frei, liest nicht ab.			
Schaut die Zuhörer an.			
Achtet auf das Sprechtempo.			
Macht Sprechpausen.			
Spricht in ganzen Sätzen.			
Setzt Gestik und Mimik bewusst ein.			
Achtet auf eine lockere Körperhaltung.			
Bleibt beim Thema.			
Verwendet Fachbegriffe.			
Verweist auf unterstützendes Material.			
Gibt den Zuhörern die Möglichkeit, Fragen zu stellen.			
Nimmt Kritik an.			

Sequenz: Einen Vortrag vorbereiten

In der folgenden Sequenz lernen die Schüler, einen Vortrag vorzubereiten, zu gliedern und ihre Ergebnisse mithilfe eines Lernplakats zu präsentieren.
Die einzelnen Stundenbilder dienen als Anhaltspunkt zur Gestaltung der Unterrichtseinheiten. Exemplarisch wird das Thema „Mein Lieblingstier" behandelt. Alternativ kann jedes beliebige Thema gewählt werden.

1. UZE: Was weiß ich schon?

- „Das weiß ich schon": Karte 2 *Brainstorming*
- „Informationen durch Fragen": Karte 1 *Eine Fragelandschaft erstellen*

2. UZE: Informationen zum Thema im Internet suchen:

- BK *Computer* (Kopiervorlage 10)
- „Informationen aus dem Internet": Karte 2 *So funktioniert der Computer*, Karte 3 *Das Internet: Internetregeln*, Karte 4 *Die Suchmaschine*

3. UZE: Informationen aus Texten entnehmen:

- „Wichtige Techniken": Karte 4 *Sätze markieren*, Karte 5 *Textstellen gezielt markieren (1)*

4. UZE: Einen Steckbrief erstellen

- Informationskarte 4 *Steckbrief*
- „Präsentation von Informationen": Karte 2 *Einen Steckbrief verfassen*
- Kopiervorlage 5 *Steckbrief*

5. UZE: Ein Lernplakat erstellen

- „Präsentation von Informationen": Karte 7 *Tipps zur Gestaltung eines Lernplakats*
- Informationskarte 3 *Lernplakat*
- BK *Plakat*, *Schere*, *Klebstoff*, *Stifte* und *Bilder* (Kopiervorlage 10)

6. UZE: Informationen präsentieren

- „Präsentation von Informationen": Karte 6 *Tipps für deinen Vortrag*, Kopiervorlage 8 *Nützliche Tipps für deinen Vortrag*
- BK *Herr Redlich, Sonne* und *Glühbirne* (Kopiervorlage 10) und BK *Sprechblasen* (Kopiervorlagen 11 und 12), um den Schülern die Bewertungskriterien zu visualisieren
- Kopiervorlage 13 *Checkliste zur Bewertung*

Fach: Deutsch	Klasse: 3/4	LP: 3.1.2/4.1.2	1. UZE

Stundenthema: Was weiß ich schon über Tiere?

Lernziele:
Die Schüler sollen ihr Vorwissen aktivieren und durch verschiedene Techniken ergänzen können.

Artikulation/ Sozialform/Methode	Inhalt	Medien
I. Einstieg *Sitzkreis*	SCH bringen verschiedene Tierbilder/Fotos mit. Diese werden im Sitzkreis betrachtet. Spontane SÄ: …	Tierbilder/Fotos → TA
Zielangabe	L: In der nächsten Zeit dürft ihr euch mit eurem Lieblingstier beschäftigen. Heute sollt ihr schon einmal zeigen, was ihr schon alles darüber wisst.	
II. Erarbeitung 1. Auswahl der Lieblingstiere	L: Wähle jetzt ein Tier aus. Begründe, warum es dein Lieblingstier ist. SCH wählen aus. Reihum nennt jeder sein Lieblingstier und begründet. SCH: Ich wähle den Hund, weil man mit ihm so toll spielen kann …	
2. Brainstorming zum Thema	L: Du bekommst jetzt ein weißes Blatt Papier. In die Mitte schreibst du dein Lieblingstier und außen alles, was du schon darüber weißt. Das nennt man Brainstorming. L zeichnet an der Tafel vor. SCH führen Brainstorming durch.	Papier/Block Karte *Brainstorming* TA
3. Fragelandschaft erstellen	L: Du weißt bestimmt noch nicht alles über dein Lieblingstier und könntest Fragen stellen. SCH nennen mögliche Fragen, L notiert an Tafel. L: Überlege dir nun zwei Fragen zu deinem Tier und schreibe sie auf deinen Block. SCH schreiben Fragen auf.	Karte *Eine Fragelandschaft erstellen* TA Block Block
4. Expertenbefragung am Infomarktplatz	L: Jetzt darfst du auf den Infomarktplatz gehen und den anderen Kindern deine Fragen stellen. Nimm deinen Block mit und notiere die Antworten.	
III. Vertiefung	Anschließend ergänzen die Kinder ihr Brainstorming durch die gewonnenen Informationen. L: Bestimmt weißt du über das eine oder andere Tier noch mehr. Nimm einen Bleistift, gehe durch das Klassenzimmer und ergänze das Brainstorming der anderen Kinder durch deine Informationen.	Papier
Tafelbild: Was frisst das Tier? Wo lebt das Tier? …	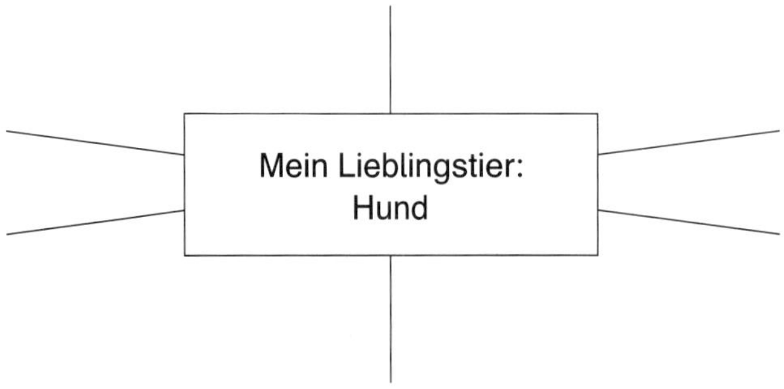 	Bilder der Tiere

Fach: Deutsch	Klasse: 3/4	LP: 3.1.2/4.1.2	2. UZE

Stundenthema: Informationen zum Thema im Internet suchen

Lernziel:
Die Schüler sollen Informationen über ihr Lieblingstier im Internet suchen können.

Artikulation/ Sozialform/Methode	Inhalt	Medien
I. Einstieg	L hängt BK *Computer* an Tafel. SÄ: …	BK *Computer*
Zielangabe	L: Heute darfst du Informationen über dein Lieblingstier im Internet suchen.	
II. Erarbeitung		
1. Computer starten und wieder herunterfahren	L teilt Karte *So funktioniert der Computer* aus und bespricht die Teilschritte mit den Schülern.	Karte *So funktioniert der Computer*
2. Die Suchmaschine *PA*	L: Im Internet findest du unzählige Seiten. Damit du genau deine Informationen findest, musst du etwas Bestimmtes tun. SÄ: Ich muss mit einer Suchmaschine suchen. L: Du kennst schon einige. Besprich dich mit deinem Partner. SCH nennen Suchmaschinen. L notiert an Tafel. SCH notieren auf Block.	Karte *Die Suchmaschine* TA Block
3. Internetregeln	L bespricht mit SCH die Internetregeln.	Karte *Das Internet: Internetregeln*
4. Informationen im Internet suchen	L geht mit der Klasse in den Computerraum. SS starten den Computer und suchen über die besprochenen Suchmaschinen Informationen zum Thema, die sie zum Teil ausdrucken (pro S ein Text) oder aufschreiben.	
III. Reflexion		
Stehkreis	SCH berichten, wo sie welche Informationen gefunden haben.	

Fach: Deutsch	Klasse: 3/4	LP: 3.2.1.2/4.2.1	3. UZE

Stundenthema: Informationen aus Texten entnehmen

Lernziele:
Die Schüler sollen verschiedene Markierungstechniken kennenlernen und anwenden können.

Artikulation/ Sozialform/Methode	Inhalt	Medien
I. Hinführung Zielangabe	SCH lesen Texte, die sie in der vergangenen Stunde aus dem Internet ausgedruckt haben. L: Eure Texte sind sehr umfangreich und nicht alles davon ist wichtig. SÄ: Wir müssen das Wichtigste herausfinden. L: Wir lernen heute, wie das geht.	Texte TA
II. Vorbereitung 1. Sätze markieren	L: Du bekommst zuerst einen kurzen Text über Haustiere. Markiere die Sätze, die mit Katzen zu tun haben. Wenn du fertig bist, vergleichst du mit deinem Partner. Auswertung über Folie L: Was merkst du dir? SÄ: Ich markiere nur das, was mit dem Thema zu tun hat. L notiert an Tafel.	Karte *Sätze markieren* Textmarker OHP TA
2. Textstellen markieren *PA*	L: Jetzt bekommst du einen Text über Frösche. Markiere alle wichtigen Stellen in verschiedenen Farben: Alles über das Aussehen rot, über die Nahrungsbeschaffung grün, über den Lebensraum blau. Schreibe einen Satz dazu auf, was du dir besonders über Frösche merken möchtest. Arbeite mit deinem Partner zusammen. SCH bearbeiten Text. Auswertung über Folie L: Was merkst du dir? SÄ: Ich verwende verschiedene Farben zum Markieren.	Karte *Textstellen gezielt markieren (1)* Textmarker oder Buntstifte OHP
III. Wichtiges im eigenen Text markieren Qual./Quant. Diff. *PA*	L: Nun darfst du das Wichtigste in deinem Text markieren. Oft ist es nur ein Wort in einem Satz. Wenn du fertig bist, schreibst du dir das, was besonders wichtig ist, auf. SCH markieren Wichtiges in ihren Texten, L gibt individuell Hilfestellung. L: Erzähle nun deinem Partner, was wichtig ist. SCH besprechen in PA.	TA Texte Textmarker
IV. Reflexion	L: Was merkst du dir? SÄ: Mithilfe der markierten Wörter kann ich das Wichtigste erzählen. L: Zeige mir mit deinem Daumen, wie gut dir das Markieren gelungen ist. SCH reflektieren.	TA
Tafelbild:	<u>Was ist wichtig?</u> 1. Nur was mit dem Thema zu tun hat, ist wichtig und wird markiert. 2. Durch verschiedene Farben gliedere ich den Text. 3. Mithilfe der Schlüsselwörter kann ich mir das Wichtigste merken.	

Fach: Deutsch	Klasse: 3/4	LP: 3.2.1/4.2.1	4. UZE

Stundenthema: Einen Steckbrief erstellen

Lernziele:
Die Schüler sollen durch die Erstellung eines Steckbriefes lernen, ihren Vortrag gliedern zu können.

Artikulation/ Sozialform/Methode	Inhalt	Medien
I. Einstieg *Sitzkreis*	L: Du weißt jetzt schon viel über dein Lieblingstier. Erzähle! SS erzählen im Sitzkreis, was sie über ihr Lieblingstier schon alles wissen. L: Das ist eine ganze Menge an Informationen zu euren Lieblingstieren. Allerdings könnt ihr eure Informationen so nicht präsentieren. Sie sind sehr durcheinander. SÄ: Wir müssen die Informationen ordnen.	Brainstorming aus 1. UZE
Zielangabe	L: Dazu erstellen wir heute einen Steckbrief.	TA
II. Erarbeitung 1. Gliederungspunkte erarbeiten *PA*	L: Du bekommst jetzt eine Informationskarte, auf der steht, wie man einen Steckbrief erstellt. Lies die Karte und überlege, welche Punkte zum Thema Lieblingstier passen. Berate dich mit deinem Partner. Auswertung, L notiert an Tafel.	Informationskarte *Steckbrief* TA
2. Kriterien eines Steckbriefes	L: Du hast bestimmt eine Idee, wie man einen Steckbrief macht. SÄ: Man schreibt nur Stichpunkte. L: Probieren wir es mit der Katze an der Tafel aus. SCH nennen Stichpunkte. L notiert an Tafel.	TA
3. Steckbrief erstellen	L: Jetzt darfst du selbst einen Steckbrief erstellen. Nimm dein Brainstorming und deinen markierten Text zur Hand, damit du nachschauen kannst, wenn du etwas nicht mehr weißt. L teilt KV aus, SCH füllen Steckbrief aus.	Karte *Einen Steckbrief verfassen* KV 5 *Steckbrief* Brainstorming Markierte Texte
Quant. Diff.	Schnelle SCH malen ein Bild ihres Lieblingstieres dazu.	
III. Präsentation	Einige SCH stellen Steckbriefe vor.	
IV. Reflexion	SCH reflektieren.	
Tafelbild:	Wir erstellen einen Steckbrief über unser Lieblingstier – Name: Katze – Aussehen: weiß, schwarz … – Lebensraum: Hauskatze oder Freigänger – Größe: 50 cm – Gewicht: 3–4 kg – Nahrung: Katzenfutter, Mäuse – Alter: 12–18 Jahre – Besonderheiten: guter Jäger, Tasthaare	

Fach: Deutsch	Klasse: 3/4	LP: 3.2.1/4.2.1	5. UZE

Stundenthema: Ein Lernplakat erstellen

Lernziele:
Die Schüler sollen ein Lernplakat erstellen können.

Artikulation/ Sozialform/Methode	Inhalt	Medien
I. Einstieg Zielangabe	L zeigt ein Tierposter. SÄ: … L: Mithilfe eines Plakats kannst du deine Informationen präsentieren. Heute lernst du, wie das geht.	Poster
II. Erarbeitung 1. Aufbau eines Lernplakats *GA* Auswertung	L teilt Infokarten an Gruppen aus. L: Lies nun die Infokarte und besprich anschließend in der Gruppe, was bei der Gestaltung eines Lernplakats wichtig ist. Du darfst auf der Karte wichtige Infos markieren. SCH bearbeiten Infokarte und besprechen in GA. Gruppensprecher stellen Ergebnisse vor. L notiert an Tafel.	Informationskarte *Lernplakat* Textmarker TA
2. Material	L: Du darfst heute ein Lernplakat über dein Lieblingstier erstellen. Überlege, was du dazu brauchst. SCH nennen Material und heften BK an Tafel. L: Auch deine gesammelten Infos solltest du verwenden. SÄ: Brainstorming, Texte und Bilder, Steckbrief.	BK *Schere, Klebstoff, Stifte, Plakat, Bilder*
3. Gestaltung des Lernplakats	SCH gestalten ihr Lernplakat. L gibt individuell Hilfestellung. Eventuell Zwischenreflexion, damit die Schüler Anregungen zur Weiterarbeit erhalten.	Karte *Tipps zur Gestaltung eines Lernplakats* Fotokarton, Schere, Klebstoff, Stifte, Texte, Bilder …
III. Reflexion	L: Du darfst jetzt durch die Klasse gehen und alle Lernplakate betrachten. SCH gehen durch die Klasse. L: Hat dir ein Lernplakat besonders gut gefallen? Berichte und begründe, warum. Beispiele können an Tafel gehängt werden.	
Tafelbild: Tierposter	Wir gestalten ein Lernplakat --- Beachte: – viele Bilder und wenig Text – Verbindung durch Pfeile – ganzes Plakat nutzen – deutliche Überschrift – große Schrift – Farben verwenden	Ausgewählte Lernplakate der SCH

Fach: Deutsch	Klasse: 3/4	LP: 3.2.1/4.2.1	6. UZE

Stundenthema: Informationen präsentieren

Lernziele:
Die Schüler sollen die gewonnenen Informationen mithilfe eines Lernplakats präsentieren können.

Artikulation/ Sozialform/Methode	Inhalt	Medien
I. Hinführung	BK *Herr Redlich* SÄ: …	BK *Herr Redlich*
Zielangabe	L: Das ist Herr Redlich. Er wird dir heute zeigen, wie du deine Informationen präsentierst.	
II. Erarbeitung	L hängt Sprechblasen (Bereich Präsentation) ungeordnet an Tafel.	BK *Sprechblasen*
1. Was ist beim Präsentieren wichtig? *PA*	L: Besprich mit deinem Partner, in welcher Reihenfolge du die Tipps anwenden sollst. Auswertung	
2. Was ist nach der Präsentation wichtig?	L: Auch nach deinem Vortrag solltest du einiges beachten. SÄ: Nicht gleich weggehen, Zuhörern die Möglichkeit geben, Fragen zu stellen … L: Was ist für die Zuhörer wichtig? SÄ: Ich bin leise. Ich sage am Ende, was gut war, und gebe Tipps.	BK *Sprechblasen* BK *Sonne* und *Glühbirne*
III. Präsentation	SCH bereiten sich vor und präsentieren. L bewertet mithilfe der Checkliste.	Karte *Tipps für deinen Vortrag* KV 8 *Nützliche Tipps für deinen Vortrag* KV 13 *Checkliste*
Tafelbild:	Wir präsentieren unsere Informationen 1. Was ist beim Präsentieren wichtig?  2. Was ist nach der Präsentation wichtig?	Als Zuhörer: – bin ich leise und höre aufmerksam zu. – sage ich, was gut war. – gebe ich Tipps.

Lösungen zu den Karteikarten

Informationskarten

K 5: 17 Jungen und 15 Mädchen

Wichtige Techniken

K 1: Atmosphäre, Blumen, Dieb, Fliege, Garten, Honig, Kaufhaus, Kino, Lawine, Milch, Natur, Ohrwurm, Siebenschläfer, Tarnung, Tier, Wohnung, Zirkus

K 2: 10 Karotten

K 3: 8 Obstsorten, 7 Möhren
Obstsorten: Erdbeere, Stachelbeere, Orange, Mandarine, Weintraube, Apfel, Birne, Pflaume

K 4: Viele Kinder wünschen sich ein Haustier. Katzen sind sehr beliebte, aber auch eigenwillige Haustiere. Manchmal sind Katzen unnahbar und kratzbürstig, dann wieder verschmust und verspielt. Für viele Menschen ist der Hund der beste Freund. Hunde leben seit Jahrtausenden bei den Menschen und sind nicht nur treue Gefährten, sondern auch Wach-, Hüte- und Suchhunde. Vor der Anschaffung eines Haustieres muss sich die Familie viele Dinge genau überlegen. Dazu zählt zum Beispiel der zeitliche Aufwand für das Tier. Eine Katze nimmt weniger Zeit in Anspruch als ein Hund, da dieser viel Auslauf braucht. Das heißt, täglich muss ein Familienmitglied mit dem Hund Gassi gehen. Berücksichtigen sollte man auch, ob das zukünftige Haustier in einer Wohnung oder in einem Haus mit Garten untergebracht wird. Eine Katze kann gut als Hauskatze in einer Wohnung gehalten werden. Ein Hund, besonders ein großes Tier, braucht Platz zum Spielen und Toben. Dafür ist ein Garten ideal.

K 5: Frösche leben in feuchten Gebieten. **(blau)** Sie sind Amphibien mit grün-gelblicher Hautfarbe. **(rot)** Sie können im Wasser und auf dem Land leben. **(blau)** Sie werden im Wasser geboren, leben später aber größtenteils auf dem Land. **(blau)** Jedes Jahr im Frühling kehren sie zu demselben Teich zurück, um sich dort zu paaren. Ihren Winterschlaf verbringen sie im Schlammgrund des Teiches. **(blau)** Sie fressen Insekten, Schnecken und Würmer. **(grün)** Sie fangen sie mit ihrer langen Zunge, **(grün)** die vorne im Maul angewachsen ist. **(rot)** Sie können gut schwimmen und springen. Während der Paarungszeit quaken die Männchen besonders laut. Manche Frösche haben Schallblasen. **(rot)** Dadurch klingt das Quaken noch lauter. Sie verteidigen so ihr Revier und locken Weibchen an.

K 6: Wespen haben einen gelb-schwarz gemusterten Körper, sind sehr schlank und kaum behaart. **(Aussehen)** Es gibt viele Wespenarten. Die Wespen, die dich beim Eisschlecken oder Kuchenessen stören, sind die „Deutsche Wespe" und die „Gemeine Wespe". Sie mögen auch gerne Süßes wie Nektar und Obst, jagen aber auch andere Insekten. **(Nahrung)** Ihre Nester bauen sie aus einer papierähnlichen Masse. **(Lebensraum)** Dazu zerkauen sie Holzstückchen ganz fein und kleben sie aneinander. Meistens legen sie ihre Nester unter der Erde an, z. B. im Erdgang einer Maus. **(Lebensraum)** Im Wespenstaat leben bis zu 5000 Tiere mit einer Königin, vielen Arbeiterinnen und Drohnen. Die Larven werden mit anderen toten Insekten ernährt. **(Nahrung)** Ein Wespenvolk lebt ein Jahr. Nur die zukünftigen und im Spätsommer begatteten Königinnen überwintern. Das alte Nest verlassen sie dann und bauen im nächsten Frühjahr ein neues. **(Lebensraum)**

K 8: Zwei Frösche, deren Tümpel die heiße Sommersonne ausgetrocknet hatte, gingen auf Wanderschaft. Gegen Abend kamen sie in die Kammer eines Bauernhofes und fanden dort eine große Schüssel Milch vor, die zum Buttermachen aufgestellt war. Sie hüpften sogleich hinein und ließen es sich schmecken. Als sie den Durst gestillt hatten und wieder ins Freie wollten, konnten sie es nicht: Die glatte Wand der Schüssel war nicht zu bezwingen und sie rutschten immer wieder in die Milch zurück. Viele Stunden mühten sie sich vergeblich ab und ihre Schenkel wurden allmählich immer matter. Da quakte der eine Frosch: „Alles Strampeln ist umsonst, das Schicksal ist gegen uns, ich geb's auf!" Er machte keine Bewegung mehr, glitt auf den Boden des Gefäßes und ertrank.
Sein Gefährte aber kämpfte verzweifelt weiter bis tief in die Nacht hinein. Da fühlte er den ersten festen Butterbrocken unter seinen Füßen. Er stieß sich mit letzter Kraft ab und war im Freien.

K 9: Vorschlag:
A: Aussehen, B: Nahrung, C: Besonderheit, D: Sorten, E: Fortpflanzung, F: Lebensraum

K 10: Montag: 16.00 Uhr Musikstunde
Dienstag: Zahnarzt
Mittwoch: Fußballtraining
Donnerstag: Kino
Freitag: Treffen mit Freunden
Samstag: –
Sonntag: Fußballturnier

Informationen aus Sachbüchern

K 2: 1. Ja. Es gibt täglich vegetarische Gerichte. 2. Jeden Tag. 3. Dienstag und Donnerstag. 4. Zweimal.

K 3: Das Lieblingsessen der Klasse 3b heißt: Pommes. Döner essen 11 Schüler gern.
Anzahl der Schüler: Pizza: 14, Pommes: 19, Schnitzel: 13, Spaghetti: 16, Döner: 11

K 5: 1. Das Rudel geht auf Jagd, S. 20
2. Hundesprache, S. 18
3. Wilde Hunde, S. 8; Der Wolf, S. 10; Meister Reineke, S. 12; Haushunde, S. 28
4. Hunde in Gefahr, S. 24

Informationen durch Fragen

K 5: Sinnvolle Fragen: Wie lange arbeiten sie schon als Förster? Wie viele Baumarten gibt es in Ihrem Wald? Welche Tiere leben hier im Wald? Was frisst ein Wildschwein?
Wie groß ist der Wald? Gibt es einen Kuckuck im Wald?

Informationen aus dem Internet

K 3: Lesetext und Quiz (Arbeitsblatt 2):
1. USA; 2. world wide web; 3. Computer sind durch ein „Netz" miteinander verbunden; 4. de; 5. E-Mail

K 5: 1. elektronische Post; 2. Plauderei im Internet; 3. Daten vom Netz herunterladen; 4. verschiedene Seiten im Internet aufrufen; 5. Hinweis auf eine weitere Seite zum Thema; 6. … wenn der Rechner mit dem Internet verbunden ist; 6. Eine Suchmaschine sucht zum eingegebenen Suchbegriff Informationen im Netz.

K 9: Online-Führerschein (Arbeitsblatt 3):
1. world wide web; 2. de; 3. 1B, 2C, 3D, 4A; 4. www.blinde-kuh.de; 5. Elektronische Post; 6. Suchmaschinen sind: www.helles-koepfchen.de, www.blinde-kuh.de, www.google.de; 7. Aviculariidae: Vogelspinne, Bufo viridis: Wechselkröte, Passer domesticus: Haussperling

Präsentation von Informationen

K 6: Nützliche Tipps für deinen Vortrag (Arbeitsblatt 8):
Mögliche Reihenfolge der Tipps: 1, 3, 2, 11, 8, 6, 9, 7, 5, 4, 10

K 9: In der Klasse sind 9 Jungen und 16 Mädchen.

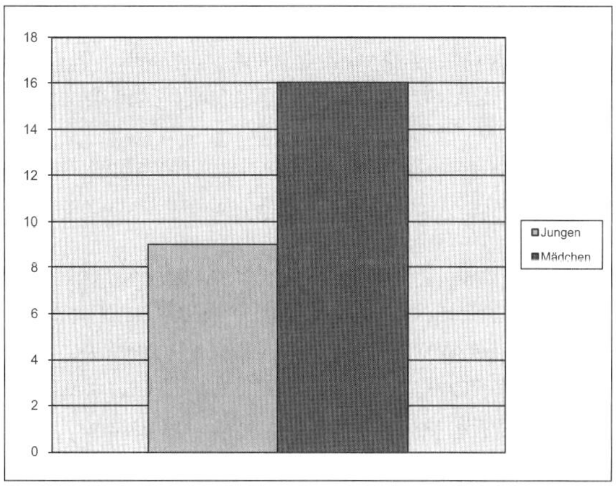

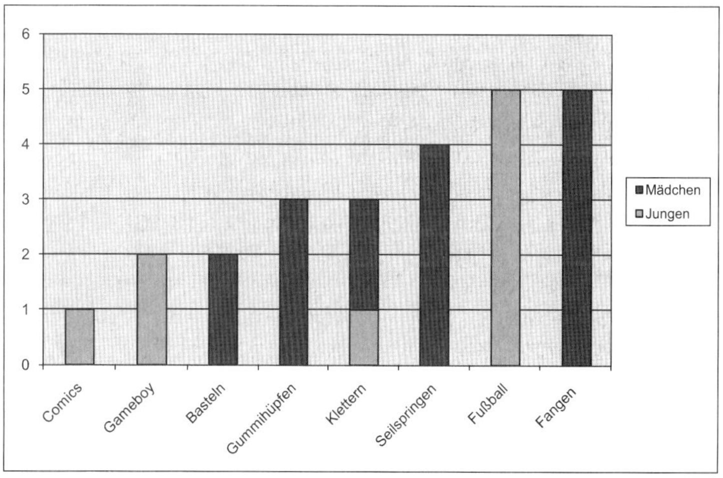

Quellennachweis

Informationskarten

S. 11 K 6: Auer Sprachbuch 3. Auer Verlag. Donauwörth 2008, S. 2

Wichtige Techniken

S. 23 K 5: U. Lassert: Die Natur um uns herum. Weiher und Wiese. Auer Verlag. Donauwörth 1994, S. 72 (gekürzt und leicht verändert)

S. 24 K 6: T. Wobig: Wenn die Bienen tanzen ... Auer Verlag. Donauwörth 2001, S. 51 (gekürzt und leicht verändert)

S. 25 K 7: Die Grundschulzeitschrift Nr. 155 „Texte verstehen", Juni 2002. Friedrich Verlag. Seelze Juni 2002, S. 14 f.

S. 27 K 9: Idee aus J. Still/J. Young: Sehen – Staunen – Wissen: Schmetterlinge. Gerstenberg Verlag. Hildesheim 1991

S. 29 K 12: F. Renner: Was krabbelt auf der Wiese. Auer Verlag. Donauwörth 2005, S. 29

S. 31 K 13: nach H. Ritter/M. Schenk (Hrsg.): Auer Mensch, Natur und Kultur. Band 4. Schülerbuch. Auer Verlag. Donauwörth 2006, S. 94

Informationen aus Sachbüchern

S. 36 K 4: M. Ling/J. Young: Sehen–Staunen–Wissen: Wölfe und Füchse
Copyright der dt. Ausgabe © 1992, Gerstenberg Verlag, Hildesheim

Informationen durch Fragen

S. 40f. K 2: H. Klippert/F. Müller, Methodenlernen in der Grundschule
Beltz Verlag, Weinheim und Basel. 3. Auflage 2007, S. 186 f.

Ich denke über meine Arbeit nach

S. 70 K 3, K 4: ISB: Leistung neu denken. Auer Verlag. Donauwörth 2007, S. 98. (leicht geändert)